Daniella Carmi

Nachts zogen die Zigeuner fort

Daniella Carmi

Nachts zogen die Zigeuner fort

Aus dem Hebräischen von
Anne Birkenhauer

Carl Hanser Verlag

Die Originalausgabe erschien 1996 unter dem Titel
Lihiyot Bat Schel Zoaní
bei Hakibbutz Hameuchad Publishing House in Tel Aviv.

Die Schreibweise in diesem Buch entspricht
den Regeln der neuen Rechtschreibung.

1 2 3 4 5 02 01 00 99 98

ISBN 3-446-19260-3

Umschlag: Quint Buchholz
Satz: Satz für Satz. Barbara Reischmann, Leutkirch
Druck und Bindung: Franz Spiegel Buch GmbH, Ulm
Printed in Germany

1

Niemand im Heim ›Oranim‹ hätte sich träumen lassen, dass Becki Wasana einmal einen festen Vater finden würde, und als sie schließlich einen fand, war es ihr großes Geheimnis. Nur ich wusste davon. Ich war schließlich ihre beste Freundin.

Vorneweg muss ich sagen: Mit zwölf teilte sich mein Leben in zwei Abschnitte: alles, was passierte, nachdem ich Becki Wasana kennen lernte, und das langweilige Leben davor.

Wir waren sieben Mädchen im Schlafsaal des Heims. Jede hatte ein Bett, ein Schränkchen und einen Koffer unter dem Bett. Nachts führten die Mädchen Selbstgespräche, sie murmelten im Traum, weinten oder lachten, und Sigalit Marsel zischelte mit brüchiger Stimme leise Flüche, dass einem das Blut gefror. Nur Becki Wasana ritt dann auf ihrem ungebändigten Mustang und galoppierte über die schwarzen Hügel. Kein anderer hätte sich je auf dem Rücken dieses wilden Pferdes gehalten, aber Becki ritt ihn ganz leicht, jede Nacht. Ich habe noch nie ein Mädchen gesehen, das sich so seine Zeit vertrieb.

Früher dachte ich, wenn ich meine Haare nicht genauso glatt bekäme wie Alma Dunski aus meiner Klasse, würde ich nie eine Chance kriegen. Damals ging ich auf dem Schulweg mit meinen Klassenkameraden am Oranim-Heim vorbei. Wir schauten durch die Löcher im Zaun, hofften, dass einer der ›Verrückten‹ auf den Hof käme und wir ihn ärgern konnten. Später lebte ich selbst in dem Heim. Hier nannte man uns ›schwierig‹.

An Tagen, wenn Schosch, die Heimleiterin, schlecht gelaunt war, sagte sie, das ›Schwierige‹ liege bei uns im Blut, und wenn sie dich dabei erwischte, wie du auf der Seife durch den Gang zwischen den Duschen schlindertest, konnte sie tatsächlich sagen: »Morgen früh kannst du gleich ins Choreb-Heim weiterschlindern.« Wir nannten das Choreb-Heim die ›Chirbe‹, das ist Arabisch und heißt ›Ruine‹. Da kommen die kriminellen Mädchen hin. Bei uns blühten nur so die Gerüchte über die Chirbe, aber keine wusste, was wirklich an ihnen dran war. Es hieß, die Mädchen dort müssten alle Einheitskleidung tragen. Furchtbare braune Blusen, die man in den Rock stecken musste, und weiße Strümpfe. Eins war sicher: Die Chirbe war ›die Hölle auf Erden‹.

Wenn Schosch gut gelaunt war, tröstete sie uns damit, dass wir das ›Schwierige‹ von zu Hause mitbekommen hätten, es sei nicht unsere Schuld. Und wirklich, jede von uns hatte eine Familie mit einer richtigen Geschichte auf dem Buckel: Oft war der Vater arbeitslos, nicht immer, manchmal hatte er sich auch aus dem Staub gemacht, aber nicht bei allen. Die Mutter wurde geschlagen oder auch nicht. Außerdem gab es noch eine nervenkranke Großmutter, meistens kam alles zusammen. Doch über Becki wusste keiner bei uns so recht Bescheid. Sie war die Einzige, auf die das Wort ›schwierig‹ nie wirklich gepasst hat.

An dem Tag, als ich nach Oranim kam, saß Becki Wasana gerade barfuß auf dem Geländer des Balkons im zweiten Stock und kaute Cracker.

»Ahalan«, rief sie mir zu, »ich bin die Fischerstochter. Wer bist du?«

Mir fiel nichts ein, was ich auf so eine Frage antworten konnte. Sollte ich vielleicht sagen: Ich bin die Tochter eines arbeitslosen Stadtangestellten?

Doch Becki erwartete keine Antwort, sondern warf mir einen salzigen Cracker herunter, und bis heute macht mir das Geräusch des Crackerkauens eine angenehme Gänsehaut.

Damals wusste ich noch nicht, dass Becki zwar an diesem Tag wohl die Fischerstochter war, am nächsten aber die Tochter eines Sultans sein würde – und in der Woche darauf die eines Trapezkünstlers aus dem ungarischen Zirkus.

Als ich ins Heim kam, war sie jedenfalls bis nach Sonnenuntergang die Tochter des Fischers, und als wir später so auf den Betten lagen und uns anschauten – zwischen uns stand nur ein Nachtschränkchen –, erzählte sie mir, dass im letzten Jahr am Landungssteg, wo sie immer geschlafen und auf ihren Vater gewartet hatte, jeden Morgen ein Delfin aufgetaucht sei und ihr die ekligen Sardinen, die es im Heim täglich zum Frühstück gab, direkt aus der Hand gefressen habe.

Unser Heim lag zwar nicht am Meer oder an einem See, und es gab im Städtchen noch nicht einmal einen kleinen Fluss, aber wenn Becki von ihren Vätern erzählte, achtete keiner mehr auf solche Kleinigkeiten. In ihren Geschichten kam alles so unerwartet, und zum Schluss ging es immer ganz wunderbar aus.

An dem Tag, als ich ankam, saß Becki also auf dem Geländer und ließ ihre Fischerstochterbeine, an denen sie die Hosen hochgekrempelt hatte, baumeln, und ihre vielen, vielen Locken waren nicht zu übersehen. Im Zimmer machte ich gleich meinen Koffer auf, holte den Spiegel heraus, schaute mir meine eigenen Locken an und trennte mich ein für alle Mal von dem Traum, so glatte Haare wie Alma Dunski zu haben.

Alma Dunski aus meiner vorigen Klasse hatte mal in einem Film mitgespielt, wo Lebewesen aus dem Weltall auf die Erde kommen und ein israelisches Kind sie durch einen Kibbuz führt. Ihr Auftritt als Filmstar war, zugegeben, sehr kurz, aber immerhin länger als von allen anderen aus unsrer Klasse. Die Szene mit Alma in dem Film werde ich nie vergessen:

Alma steht beim Kuhstall, zeigt auf eine Kuh und sagt: »Das ist Scharona. Sie wartet geduldig, bis der Melker kommt und sie an die Melkmaschine anschließt.« Dann geht sie langsam, mit dem Rücken zur Kamera, aus dem Bild, und ihr glattes blondes Haar weht im Wind. Dahinter stehen hohe Zypressen.

Wahrscheinlich haben Almas Eltern schon bei ihrer Geburt gewusst, dass sie einmal berühmt würde, und ihr deshalb den Namen gegeben. Mit so einem Namen – Alma Dunski – muss man ja schon ganz jung ein Filmstar werden. Bei einem Namen wie meinem käme keiner auf die Idee, mich für einen Film zu engagieren: Talia Ramon. Wer kann sich denn so einen Namen merken?

Da half es auch nichts, dass ich mich selbst Talila nannte, denn wer wusste schon davon, außer mir und ein paar zufälligen Leuten, die mich nicht kannten und denen ich einmal ohne rot zu werden und ohne zu schlucken sagen konnte: »Guten Tag, ich heiße Talila.«

Auch Almas Aussehen passte von Anfang an zu der Filmkarriere, die auf sie wartete. Nicht nur das Haar und ihre wunderschönen Kleider oder das beiläufige kleine Lächeln in ihren Mundwinkeln. Sie hatte etwas Unfassbares. Man kann es nicht mit Worten beschreiben. Ein Blick, der plötzlich unter den Wimpern hervorkam und für den Bruchteil einer Sekunde über die Welt glitt, machte sie im Nu zur Herrin über diese Welt. Ohne ein einziges Zwinkern.

Wenn Alma Dunski dich mit diesem Blick anschaute, wurde dir tief im Innern bewusst, dass du hier nichts zu suchen hattest.

Doch später, als ich zu den ›Schwierigen‹ im Heim

gehörte und Becki Wasana zur besten Freundin hatte, vergaß ich Alma Dunski ziemlich schnell.

Mama meinte, ich sei schwierig geworden, nachdem Papa gekündigt wurde und es bei uns zu Hause bergab ging. Doch die anderen Gedanken, wie ich sie nenne, fingen bei mir schon früher an. Ich weiß es noch genau. Eines Tages stand ich auf dem Platz und schaute mir unsere Siedlung an, da sah ich plötzlich alles zum ersten Mal: die scheußlichen Sonnenkollektoren auf den Dächern, die Wäscheleinen zwischen den Wohnblocks, den bröckelnden Putz, die wilden Dornen auf dem Platz, wo die Kinder tobten. Mit einem Mal begriff ich, dass ich nicht von hier war, dass ich nicht wirklich hierher gehörte.

»Ich komme in Wirklichkeit von ganz woanders. Da gibt es tiefgrüne Wiesen und Rasensprenger, überall wachsen hohe Bäume«, begann ich, doch sofort unterbrach mich Becki Wasana.

»Am Ufer eines Sees?«

»Vielleicht gibt es da auch einen See«, überlegte ich laut, »wie kommst du darauf?«

»Ich habe mal in einem Gedicht über diesen Ort gelesen, wo du herkommst.« Becki war sich ganz sicher.

Ich versuchte, es ihr genauer zu erklären: »Es ist nicht nur die Landschaft und das weiße Haus mit den großen Fenstern und den Pfauen, die da auf dem Flur spazieren, und auch nicht nur der Wetterhahn auf dem Dach. Es sind vor allem die Leute dort. Die reden leise und hören einem zu.«

»Da müssen wir eines schönen Tages mal vorbeischauen«, sagte Becki. Becki hatte vor, ›eines schönen Tages mal‹ an allen wunderbaren Plätzen der Welt vorbeizuschauen. Keinen würde sie auslassen. Und ich sollte mitkommen. Aber bis dahin saß ich am Sandkasten im Hof des Heims, Becki schwang stehend auf der quietschenden Schaukel, und ich erinnerte mich an jenen Tag, an dem ich unsere Siedlung zum ersten Mal mit anderen Augen sah: Der Gedanke, dass mich jemand als Baby aus meinem weißen Haus mit dem Wetterhahn entführt und in diesen scheußlichen Wohnblock gebracht habe, hat mich damals umgehauen. Es war so überraschend und gleichzeitig doch eigentlich sonnenklar.

Dann kamen eher ruhige Tage. Mama rannte zwar morgens hin und her, gab Anweisungen und schimpfte meine Schwester aus, als die den Kakao verschüttete. Papa schrie, er käme zu spät zum Bus. Doch ihre Stimmen drangen wie durch eine ferne Wolke zu mir. Meine große Schwester schmierte uns die Butterbrote für die Schule: zwei dicke Scheiben Brot mit kaum verstrichenen Brocken harter Margarine. Aber mir war das schon egal. Ich musste diese fiesen Brote ja nicht mehr lange essen, das wusste ich. Ich war an diesem Durcheinander eigentlich schon nicht mehr beteiligt.

Sogar als ich meine Hefte zusammensuchte, weil meine kleine Schwester sie überall im Haus verstreut hatte, habe ich mich nicht aufgeregt. Es war ein wohltuender Gedanke, dass ich mich nur zufällig hier befand, wegen einem Missverständnis, das schon bald geklärt, wegen einem Fehler, der schon bald behoben würde.

Doch dann meldeten sich alle möglichen Zweifel. Besonders eine Frage hämmerte in meinem Kopf und ließ mir von morgens bis abends keine Ruhe: Wie konnte ich zu meinen wirklichen Eltern finden, die irgendwo in dem Haus mit dem Wetterhahn auf dem Dach ungeduldig auf meine Rückkehr warteten?

»Ihr etwas zu sagen ist wie gegen eine Wand reden«, sagte Mama damals zu Papa, und beide guckten mich an, als sei ich eine ›Schwierige‹. In den Schulstunden schaute ich aus dem offenen Fenster und hörte plötzlich, wie die Lehrerin mit mir sprach, bekam aber nicht mit, was sie sagte. Ihre Worte gingen im Rauschen der hohen Bäume, die um das große weiße Haus mit dem Wetterhahn standen, unter. Plötzlich lachten die andern, und ich merkte, dass sie aus irgendeinem Grund alle ausgerechnet mich anschauten.

»Schade«, sagte Becki, als ich ihr davon erzählte. »Schade, dass du nicht aufmerksamer warst. Vielleicht hättest du entdeckt, dass sie dir von deinem wirklichen Zuhause ein Zeichen schicken …«

Sie schaukelte so wild, dass sie mit der Schaukel fast einen vollen Kreis durch die Luft zog, und sagte dabei: »Vielleicht warten sie aber auch auf ein Zeichen von dir.« Dann schaukelte sie umgekehrt, hing, die Schaukelseile nur um die Knöchel geschlungen, mit dem Kopf nach unten, und ihre Arme wehten in der Luft. Das hatte sie sicher von ihrem Vater, dem Trapezkünstler im ungarischen Zirkus.

»Vielleicht musst ja du ihnen das Zeichen geben. Musst dein Schicksal selber in die Hand nehmen«, sagte Becki, sprang mit großem Schwung von der Schaukel, schlug ein Rad in der Luft und landete gekonnt im Sandkasten. Ich verstehe bis heute nicht, wie sie das machte und gleichzeitig noch so ruhig weiterredete, mit Worten wie gedruckt.

Was Becki da sagte, hatte ich mir auch schon überlegt. Ich nannte es vielleicht nicht ›mein Schicksal‹, aber ich wusste, dass ich ein Zeichen machen musste, und Alma Dunski war so nett gewesen und hatte mir das Taschenmesser geliehen, das ihr Vater von einer seiner Reisen ins Ausland für sie mitgebracht hatte.

Ich nahm mir vor, heimlich an allen Ecken der Stadt meinen Namen einzuritzen, in Bäume, Zäune und sogar auf Verkehrsschilder, und unter meinem Namen einen Pfeil in Richtung unseres Wohnblocks. Damit meine wahren Eltern, die sicher schon jahrelang nach mir suchten, mich endlich finden konnten. Ich überlegte einige Tage, ob ich Talia oder Talila schreiben sollte. Einerseits nannten mich alle Talia, andererseits war es doch unmöglich, dass man mich in meinem wirklichen Zuhause, wo alles echt war, nicht bei meinem richtigen Namen nannte. Darüber hätte ich noch tagelang nachdenken können, doch bevor ich auch nur einen Buchstaben einritzte, bekam ich es mit unserer Lehrerin Aviva zu tun.

Als ich Becki das erzählte, unterbrach sie mich wieder: »Am Tag bevor du ankamst, nach dem Lichterlöschen«, verriet sie mir, »hat Elischewa, der Wurm, sich feierlich in ihrem Bett aufgerichtet und gesagt: Hey, Leute, ich hab eine brandneue Information für euch. Wir kriegen eine Kriminelle! Ich schwör's euch. Ich habe Schosch selbst gehört, wie sie heut früh ins Telefon geschrien hat: Ich brauch hier keine Messerstecherin! – Da war ich schon ganz neugierig drauf, wie du wohl aussiehst.« Becki lachte und fragte: »Was hast du denn mit dem Taschenmesser für ein Ding gedreht?«

»Du musst wissen, die Lehrerin Aviva war noch nie besonders von mir begeistert. Als sie das erste Mal meinen Namen laut vorlas, hat sie die Augen gerollt und ins Zimmer geguckt, und die ganze Klasse folgte ihrem Blick, der einen Moment in der Luft hängen blieb. Ich könnte schwören, dass in diesem Augenblick eine schwarze Wolke durchs Zimmer zog und es alle gesehen haben. Aviva ist eine von diesen Lehrerinnen, die eine Frage stellen und dann in die Klasse schauen und sich die rauspicken, die die Antwort garantiert nicht wissen, die sich hinter dem Rücken ihres Vordermanns verstecken und die Augen niederschlagen. Weißt du, was ich meine?«, fragte ich Becki.

»Na, und ob!« Becki lachte. »Mein ganzer Lebensweg ist mit solchen Lehrerinnen gepflastert.«

»Also, normalerweise war ich ihr Opfer«, erklärte

ich und machte Avivas Trompetenstimme nach: »Talia Ramon, bitte!«

»Und was war nun mit dem Taschenmesser?«, drängte Becki.

Das war in einer Pause gewesen. Ich stand im Hof und schnitzte den ersten Buchstaben meines Namens in den Stamm des großen Eukalyptusbaums, und als ich noch zwischen Talia und Talila hin und her überlegte, tauchte Gai Gordon aus meiner Klasse auf und bat mich einen Moment um das Taschenmesser. Ich gab es ihm und sah aus dem Augenwinkel, wie einige Mädchen aus der Klasse, unter ihnen Alma Dunski, am Zaun saßen und guckten. Gai forderte mich auf, ich sollte mich mit dem Rücken an den Stamm des Eukalyptus stellen und mich nicht rühren. Da wusste ich, dass das Ganze eine Vorstellung für Alma Dunski war. »Keine Angst«, sagte er und warf schon das Taschenmesser direkt auf mich. Das Messer schlug zwar in den Baum ein, aber ganz knapp neben meinem Ohr. Die Mädchen klatschten, nur Alma Dunski saß still dabei und schaute sich alles an, so als wartete sie nur, dass es weiterginge.

Gai zog das Messer aus dem Baum und sagte zu mir: »Wehe, du rührst dich«, und noch bevor ich protestieren konnte, warf er schon wieder. Wenn ich nicht die Schulter weggezogen hätte, wäre das Messer hineingesaust. Da war Alma so gnädig und würdigte Gai mit einem schwebenden Blick unter ihren flatternden Wimpern, und Gai konnte nicht mehr aufhören.

Plötzlich, ohne dass ich es im Moment vorher gewusst hätte, hörte ich mich sagen: »Und jetzt du.«

»Was, ich?«, fragte Gai und zuckte zusammen.

»Jetzt stellst du dich an den Baum und ich werfe.«

»Bist du verrückt? Du hast das doch noch nie gemacht!« Er versuchte Zeit zu schinden.

»Da bin ich Meister drin«, hörte ich mich sagen. Ich weiß nicht, woher ich diesen Mut nahm. Vielleicht von Almas flatterndem Blick, mit dem sie mich untertauchen wollte. Ich musste etwas tun, um den Kopf über Wasser zu halten.

Es war nicht angenehm. Alma saß da und beobachtete uns, und Gai konnte es sich nicht leisten, als Angsthase dazustehen. Er warnte mich siebenmal, doch als er sah, dass Alma schon lächelte, hielt er den Mund, stellte sich an den Baum und schloss die Augen wie einer, der auf seine Hinrichtung wartet.

Ich holte aus und schwang das Messer. Natürlich hatte ich nicht vor, wirklich zu werfen. Ich wollte es ihm nur mal zeigen. Und genau in dem Augenblick erschien, wie ein Geist aus der Erde, die Lehrerin Aviva. Ich sah nur noch, dass Alma Dunski aufhörte, wie ein Schmetterling zu flattern, einfach die Augen zu Boden schlug und sitzen blieb, als hätte sie nichts mit der ganzen Sache zu tun, die sich da vor dem Eukalyptusbaum abspielte.

Aviva zog mir in einer stürmischen Bewegung wie eine Ninja im Actionfilm das Taschenmesser aus der Hand und drehte mir dabei auch noch ganz gekonnt den Arm um. Ich hätte vor Schmerz brüllen können, aber ich riss mich zusammen. In dem Moment wusste ich, dass es mit meiner Karriere bei ihr und überhaupt an der Schule endgültig vorbei war. Nachts im Bett hörte ich Mama sagen: »Auch in der Schule haben sie schon gemerkt, dass sie anders ist. Sie ist mit dem Kopf nicht dabei.« Dann schwiegen sie, und ich war schon fast eingeschlafen, als ich Papa sagen hörte: »Das Kind braucht einen festen Rahmen.«

Diese Worte klangen unangenehm. Überhaupt nicht wie ein weißes Haus, wo Pfauen auf den Fluren spazieren gehen. Ich konnte lange nicht einschlafen, versuchte, dem Wetterhahn auf dem Dach zu lauschen, aber ich hörte nur den Fernseher der Nachbarn. »Im weißen Haus schlafen sie alle schon«, sagte ich mir im Stillen und versuchte mich zu beruhigen, »und der Wetterhahn dreht sich ganz leise, damit er niemanden aufweckt.«

2

Becki Wasana hätte wohl bis ans Ende der Tage Väter gewechselt, wenn wir nicht eines Tages einem festen Elternpaar begegnet wären: den Eltern von Jahli, der bei den ›Besonderen‹ im Stock über uns wohnte. Ein Blick genügte und du wusstest, auf solche Eltern hattest du schon immer gewartet.

Es gab bei uns ein paar Jungen mit ›besonderen‹ Problemen. Wir sahen sie fast nie, denn sie wohnten im dritten Stock des Heims, hinter einer abgeschlossenen Gittertür. Sie hießen ›die Besonderen‹ und hatten auch eine eigene Treppe von draußen und einen anderen Hof. Jahli sah man ab und zu, wenn er auf der anderen Seite der Gittertür saß und zu unserem Stockwerk hinunterschaute.

Er war dreizehn, hatte einen klaren Blick, und dass er ›besonders‹ war, merkte man ihm nicht an. Nur sprach er fast nie. Und die wenigen Worte, die er sagte, klangen fremd. Er bemühte sich aber auch nicht, dass du ihn verstehen konntest. Er redete eben laut mit sich selbst. Becki sagte, es seien die Stationen einer Eisenbahnlinie in einem weit entfernten Land. Das klang so:

Bayonne, Irún, Vitoria, Burgos, Valladolid, Segovia, Madrid …

Bevor wir Jahlis feste Eltern sahen, wussten wir eigentlich nichts über ihn. Wir kannten nur die beiden Bahnhofsbilder, die im Speisesaal hingen, die hatte er gemalt. Auf dem einen Bild war ein alter, ganz verstaubter Bahnhof. Da spürtest du richtig den Ruß in der Luft. Den Bahnsteig, voller Leute, die auf den Zug warten, sah man nur verschwommen im dichten Morgennebel. Auf dem andern Bild strahlte der Bahnhof im Frühlingssonnenlicht, und die Lokomotive war blank geputzt. Hier war der Bahnsteig leer. Nur ein einsamer, wunderschöner Tiger stand da und wartete auf den Zug.

Jede aus unserem Zimmer wäre wie angewurzelt stehen geblieben, wenn sie dieses seltene Schauspiel gesehen hätte, das wir, Becki und ich, an einem Freitagabend beobachteten, als Jahli Besuch bekam.

Becki saß mit hochgekrempelten Hosen auf dem Balkon und schaute in die Sonne, die in ein paar Minuten untergehen musste. Eine wunderschöne rote Sonne, in deren Licht die Autowerkstätten hier im Viertel wie Königspaläste erstrahlten. Plötzlich rief sie mich, und wir beugten uns hinunter, denn unten im Hof, auf dem Asphalt bei der Wippe, saß Jahli auf dem Boden, und neben ihm ein Mann und eine Frau. Jahli baute aus bunten Legosteinen eine Eisenbahn, und der Mann und die Frau knieten neben ihm. Alle drei waren ins Spiel versunken wie drei große Kinder. Die

Frau, in einem geblümten Rock, saß im Sandkasten und baute aus den Bausteinen eine Lok. Der Mann fügte Schienen aus einer riesigen Kiste zusammen.

Nach ein paar Minuten stand schon die Eisenbahn auf den Schienen. Sie fuhr durch Tunnel, die Jahli und sein Vater überall aufgestellt hatten, und über Brücken, und als Jahlis Mutter auf einen Knopf drückte, hielt sie am Bahnübergang an und fuhr erst weiter, als die Ampel grün schaltete. Die ganze Zeit stellten sie noch Bäume und Felsen dazu, neue Bahnhöfe und Bahnsteige, und verlegten kleine Flüsse unter den Brücken.

Im ersten Augenblick wollte Becki schwören, dass das meine Eltern waren, aus dem weißen Haus mit dem Wetterhahn. Garantiert sie und keine anderen. Auch ich ließ mich eine Weile auf diesen Gedanken ein, und mein Herz setzte einen Schlag lang aus. Wie schön wäre es gewesen, nicht mehr auf sie warten zu müssen. Ihnen einfach zu begegnen, eines schönen Tages, bei Sonnenuntergang. Sie aus der Nähe zu sehen. Ihre Stimmen zu hören, hier im Hof, und vielleicht gar nichts zu sagen. Sie einfach still zu umarmen.

Doch wenn es meine echten Eltern gewesen wären, die endlich den Weg zum Oranim-Heim gefunden hatten, dann wären sie ja zu mir gekommen, nicht zu Jahli. Davon ließ sich sogar Becki leicht überzeugen. Trotzdem brachte ich sie nicht vom Balkon weg.

Auch als man uns zum Abendessen rief, blieb Becki dort sitzen und murmelte: »Ich habe nicht gewusst, dass Eltern so sein können.«

Ich sagte ihr, wir seien schon dreimal gerufen worden, und Schosch würde uns sicher gleich auf die Liste für die Chirbe setzen, doch Becki feuerte einen Blick auf mich ab, als hätte ich sie mitten in der Nacht von ihrem Mustang runterholen wollen.

Auf unserem Stock haben viele Mädchen Eltern auf Zeit, und wenn eine mal feste Eltern hat, dann sicher nicht solche, die alles stehen und liegen lassen, sich auf den Boden setzen und alles andere vergessen, um mit ihr gemeinsam eine wundervolle Eisenbahn zu bauen.

Elischewa, der Wurm, zum Beispiel hatte schon seit Jahren richtige, feste Eltern. Aber die haben wir noch nie gesehen. Sie wohnten in Tiberias und tauchten nie im Heim auf. Elischewa fuhr dafür zweimal im Jahr für eine Woche nach Hause, zum Neujahrsfest Rosch Haschana im Herbst und zu Pessach im Frühjahr.

Schon Wochen vorher begann sie, sich vorzubereiten. In dieser Zeit versorgte sie die Mädchen ununterbrochen mit neuen Informationen, im Voraus für die sieben Tage, die sie nicht im Heim sein würde und in denen niemand heimlich in Schoschs Büro schlich und dort für uns in den Akten kramte. Wie würden wir ohne Elischewa wissen, wer neu auf die Liste für die Chirbe gesetzt und wer, zeitweise wenigstens, wieder ausgestrichen wurde? Wer es noch mal mit einer Pflegefamilie versuchen durfte und wer die ganzen Feiertage über im Heim bleiben musste und da versauern konnte?

In der Woche vor der Heimfahrt redete Elischewa

die ganze Zeit von Diät. Sie wollte die ganze Woche fasten, um schlank nach Hause zu kommen. Aber was war das für ein Fasten? Vor lauter Aufregung verdrückte sie viermal so viel wie normal. Und auch das Normale bei ihr war schon nicht wenig. Nach jeder Mahlzeit ging sie zwischen den Tischen umher und fragte: »Brauchst du das Stück Brot noch?« oder »Bist du sicher, dass du heute deine Apfelsine isst?«

Manchmal setzte sie sich, wenn sie ihren Teller leer gegessen hatte, einfach dir gegenüber hin und sagte kein Wort, machte nur Stielaugen. Wenn du sie gefragt hast, was mit ihr los ist, lächelte sie höflich und fragte ganz besorgt: »Talia, meine Liebe, weißt du schon, was du mit dem Ei machst?« Nachts, nach dem Lichterlöschen, hörte man sie dann unter ihrer Decke trockenes Brot knabbern.

Wenn Elischewa fuhr, verbreitete sich im Heim eine düstere Stille, als seien alle sieben Mädchen gleichzeitig nach Hause gefahren. Niemand kam abends vor dem Einschlafen mit einer neuen Botschaft: »Hey, Leute, ich hab eine brandneue Information für euch!«

Wir wussten nicht, wer Elischewa den Beinamen ›der Wurm‹ verpasst hatte, ob sie ihn bekam, weil sie nachts in Schoschs Büro wie ein Bücherwurm in den Akten las, oder ob sie ihn schon hatte, bevor sie ins Heim kam.

Nach einer Woche zu Hause kam sie geknickt und schweigsam zurück. Es war schwer, sie zum Sprechen zu bringen. Wenn man trotzdem weiter versuchte, aus ihr rauszubekommen, wie die Ferien gewesen waren, sagte sie leise und entmutigt: »Ich hab die ganze Zeit gegessen.« Damit war alles gesagt.

Bei uns gab es Mädchen, die warteten monatelang, dass sich ein Elternpaar auf Zeit für sie interessierte. Liat zum Beispiel stand regelmäßig auf der Warteliste für eine Pflegefamilie, und es fand sich einfach keine. Alle paar Wochenenden kam ein Elternpaar, um Liat zu sehen und zu entscheiden, ob sie ihnen passte.

Dann stand Schosch schon am Freitag vor der Dusche und gab Liat Anweisungen. »Putz auch hinter den Ohren, wasch die Haare dreimal. Spül gut.« Am Schabbat achtete Schosch morgens darauf, dass Liat ihr bestes Kleid anzog, und flocht ihr so feste Zöpfe, dass sie wie ein Pudel aussah. Dann cremte sie ihr die Hände ein und besprühte sie mit Parfum. Aber wir wussten, dass das alles nichts half.

Denn in dem Moment, wenn Schosch Liat mit den Eltern auf Zeit zu einem Kennenlerngespräch im Hof allein ließ, konnte Liat sich nicht beherrschen und erzählte sofort von dem Gift, das sie im Körper habe, und wie sehr sie sich fürchtete, andere mit diesem schrecklichen Gift anzustecken.

Jedes Mal endeten diese Samstage auf dieselbe Art: Die Eltern auf Zeit verabschiedeten sich höflich von Schosch und verschwanden für immer. Liat weinte in ihrem Bett. Schosch brachte ihr auf einem Tablett das Abendessen, löste die Gummis ihrer Zöpfe und redete beruhigend auf sie ein. Sobald Schosch aus dem Zimmer war, fing Liat an zu lachen und lachte unter ihrer Decke, bis wir eingeschlafen waren. Es war so ein merkwürdiges Kichern, ein kurzes Husten, wie Gewehrsalven, und das war noch beunruhigender als das heisere Flüstern von Sigalit Marsel. Becki meinte, Liat wolle vielleicht »einfach keine Familie mehr um sich haben«, nachdem sie schon mal eine gehabt hatte.

Sigalit Marsel war da anders. Sie erzählte gern von ihrem Vater, der wegen seiner Arbeit nach Amerika gefahren sei, aber wir haben nie irgendeinen Brief von ihm gesehen. Über ihre Mutter redete Sigalit überhaupt nicht. Sie wartete auch nicht auf zeitweilige Eltern. Sie wartete auf den Fotografen, der sie eines Tages auf der Straße entdecken würde.

Das würde, glaubte sie, an einem der Donnerstage passieren, an denen wir mit unsern Erziehern Schimon und Tirza auf den Markt gingen und die Zutaten zum Falaffel-Backen kauften. Der Fotograf würde Sigalit ansprechen: »Sag mal, möchtest du nicht dein Glück als Fotomodell versuchen?« Er würde ihr vorschlagen, ein paar Fotos zu machen, an Ort und Stelle einen Termin mit ihr verabreden und ihr ein Kärtchen mit seiner Adresse geben. Wie das alles unter der Nase der Erzieher vonstatten gehen sollte, war uns schleierhaft, aber nach diesem Treffen mit dem Fotografen würde sie eines Nachts einfach aus dem Heim verschwinden, in eine Welt voller Licht und Glanz, die dort draußen auf sie wartete, da war sich Sigalit ganz sicher.

Die Zwillingsmädchen Chagit und Ronit dagegen warteten ungeduldig auf eine Pflegefamilie, aber sie konnten sich nicht voneinander trennen. Die Frage war nur: Wer wollte zwei Mädchen, die sich wie zwei Wassertropfen glichen, sich dauernd gegenseitig zwickten und bloß die ganze Zeit kicherten?

Zweimal im Jahr, zu den Feiertagen, fuhr auch ich nach Hause, das heißt zu meinen falschen Eltern. Am ersten Tag ging alles noch ganz glatt. Ich wusste nicht mehr, wie es war, mit meiner großen Schwester zu streiten, und mit meiner kleinen Schwester hatte ich eine Engelsgeduld. Doch am zweiten Tag packte mich schon fast die Sehnsucht nach dem Heim. Ich war es einfach nicht mehr gewöhnt, nachts im Bett zu liegen, ohne mit Becki zu flüstern und unter der Decke zu lachen, bis ich keine Luft mehr kriegte. Es war, als fehlten mir die heiseren Flüche von Sigalit Marsel.

Abgesehen von meinen Besuchen bei ihnen riefen mich meine Eltern einmal in der Woche an. Diese Gespräche verliefen immer gleich. Zuerst kam Mama mit ihren Fragen: »Isst du anständig? Passt du in der Schule gut auf? Vergiss nicht, ab und zu frische Strümpfe anzuziehen.« Dann nahm Papa den Hörer und sagte so etwas wie: »Schosch, die Heimleiterin, sagt, du würdest dich bessern.« Wenn ich mich wirklich die ganze Zeit bessern würde, dachte ich mir, dürfte ich eigentlich längst keine ›Schwierige‹ mehr sein.

Becki tröstete mich nach diesen Telefongesprächen. »Nimm's dir nicht zu Herzen. Mein Lebensweg ist gepflastert mit solchen Gesprächen.« Allerdings habe ich nie erlebt, dass Becki ans Telefon gerufen wurde. Schosch rief sie nur ab und zu ins Büro. Dann drückte Elischewa ihr Ohr ans Schlüsselloch, doch nichts drang heraus. Sogar Elischewa hatte keine Ahnung, was bei diesen Gesprächen passierte.

Wenn Becki nach einigen langen Minuten aus dem Büro kam, ging sie schnurstracks in unser Zimmer, setzte sich mit dem Rücken zu uns auf die Fensterbank und schaute hinaus, eine ganze Weile sah man ihr an, dass sie mit niemandem reden wollte. Auch nicht mit mir. Aber dann schüttelte sie ihre Locken und erzählte etwas von ihrem Vater, dem Fischer oder dem Trapezkünstler, der schon lange kein Lebenszeichen mehr von sich gegeben habe.

Elischewa, der Wurm, hat mir mal auf der Toilette verraten, dass Beckis Akte geheim sei. Sie sei im Büro von Schosch nicht aufzufinden. Vielleicht lag sie in einem Tresor, und dahin konnte sich noch nicht mal Elischewa, der Wurm, durchfressen.

Schon tausendmal wollte ich Becki nach ihrem Leben, bevor sie ins Heim kam, fragen. Immer hatte ich es im letzten Moment nicht getan. Vielleicht, weil Becki so sehr mit ihren Streichen beschäftigt war und damit, das zu tun, was ihr Spaß machte, sodass es dumm gewesen wäre, sie dabei zu stören. Ein Mädchen wie Becki Wasana überfiel man nicht einfach mit einer ernsten Frage nach dem Muster: »Sag mal, Becki, hattest du mal eine Familie oder etwas in der Art?«

Nein, das ging nicht. Es war schwer, Becki über ihr Leben auszufragen. Sie erzählte dir doch die ganze Zeit vom Leben der Fischerstochter oder wie sie mit dem Zirkus durchs Land gezogen war und beschrieb die wundervollsten Städte, mit denen ihr Lebensweg gepflastert war, und du hörtest mit offenem Mund zu und fragtest nichts mehr. Denn wenn du ihr was erzähltest, wusste sie ganz genau, worüber du reden wolltest und worüber nicht. Und du lerntest ganz schnell, was eine echte Freundin ist, dass sie nicht mit Gewalt in dich dringt. Und überhaupt, die meiste Zeit, die du mit Becki zusammen warst, kamen dir gar keine Fragen.

Nur einmal habe ich Becki Wasana ganz anders erlebt. Das war an einem Freitagabend, als der Schabbat anfing.

Wenn du jemanden hast, nach dem du dich sehnst, dann überkommt es dich garantiert am Schabbatanfang. Das kann man nur schwer erklären. Dabei war der Schabbatanfang bei uns im Heim nicht gerade das Feierlichste, was man sich auf der Welt vorstellen kann. Schosch zündete zwei Kerzen an, Tirza, die Erzieherin, schnitt den Kuchen in krumme Stücke, und Schimon verteilte Toffees, die an den Zähnen klebten. Wir fingen an, die Toffees auszupacken, und die Zwillinge bewarfen sich mit den Papierchen und kicherten. Während eine den Segen sprach, tuschelten die andern. Schosch versuchte jede Woche wieder ihr ewiges Schabbatlied auf der Flöte und spielte immer an derselben Stelle falsch.

Nur einmal hat Becki die Flöte genommen und ein paar Töne gespielt. Da waren alle still. Das klang ganz anders als das, was Schosch immer spielte. Wie ein anderes Instrument.

Beckis Melodie war eine absolute Überraschung in unserem Speisesaal. Eine ferne Melodie, die manchmal wie ein einsames Fischerlied klang, dann wieder wie leise Nachmittagsmusik am Hof eines Sultans. Doch auch wenn Becki den Refrain spielte, der fröhlich und munter war, dass man aufspringen und tanzen wollte wie beim Umzug der Zirkusleute durch die Stadt, guckte sie unendlich verloren. So hatte ich sie noch nie gesehen. Ihr Blick glitt an allen vorbei, über die Kerzen und den Kuchen hinweg, zum Fenster, breitete dort Flügel aus und flog hinaus in die sich dunkel senkende Nacht.

3

Einmal gingen wir, wie jeden Donnerstag, mit Schimon und Tirza, unseren Erziehern, auf den Markt. Dort kauften wir die Zutaten zum Falaffel-Backen, denn die Donnerstagabende endeten immer mit einem Pommes-frites- und Falaffel-Essen im Heim.

Becki nannte diese Freigänge ›Zooausläufe‹. Nein, sie gingen mit uns nicht in den Zoo. Wir waren vielmehr die Tiere, die man ein bisschen aus dem Käfig ließ, damit sie sich etwas die Füße vertreten konnten.

Paarweise gingen wir die Hauptstraße entlang: Die Mädchen und ein paar der ›Besonderen‹ mit einer extra Ausgeherlaubnis gingen hinter Schimon her. Er hielt uns an jedem Zebrastreifen wie Kindergartenkinder an und wartete, bis alle da waren. Tirza ging am Ende und sammelte die Bummler ein. Wenn du mal ein bisschen geträumt hast und der Abstand zu dem Paar vor dir zu groß wurde, reagierte Tirza, als hättest du sie persönlich beleidigt.

Es war immer derselbe Weg: zuerst auf den Markt, danach durch die Gasse mit den Cafés bis zum Gemeindezentrum, da machten wir kehrt, und dann ging es wieder zurück ins Heim. Der Geruch der in Öl gebackenen Falaffel-Bällchen an den Imbissständen ließ besonders Elischewa das Wasser im Mund zusammenlaufen, und sie beklagte sich immerzu: »Warum kaufen wir nicht einfach jedem eine Portion Falaffel und damit basta?« Es war wirklich Menschenquälerei, Elischewa durch die ganzen Gerüche auf dem Markt zu führen. Hinter uns gingen die Zwillinge Chagit und Ronit und zwickten sich, Tirza rannte die ganze Zeit hin und her und puffte uns, wir sollten ›aufschließen‹. Ich wäre so gern einmal allein in die Stadt gegangen, nicht in einer Gruppe nervender Kinder.

Manchmal beneidete ich Liat. Sie durfte jeden Mittwoch in einen Malkreis gehen. Wenn sie von dort zurückkam, war sie ganz locker. Sie stand nicht wie sonst vor lauter Angst, dass das Gift aus ihrem Körper tropfte, stocksteif da, als ob sie ein Lineal verschluckt hätte. Plötzlich konnte man fast normal mit ihr reden. Manchmal war sie mittwochs sogar richtig nett, und einmal habe ich gesehen, wie sie, nachdem sie ihr Bild aus dem Malkreis über ihrem Bett neben das Madonna-Poster gehängt hatte, mit einem Lächeln auf den Lippen einschlief.

Auch Elischewa, der Wurm, hatte einen Onkel. Der nahm sie einmal die Woche in die Stadt mit, und dort, so erzählte sie, gingen sie in ein feines Restaurant, und sie aß die leckersten Sachen, bis sie platzte.

Wenn Becki und ich nichts zu tun hatten, malten wir uns aus, wie Elischewas Onkel wohl aus der Nähe aussah. Er kam nämlich nie ins Heim. Als könnte er sich da mit einer schlimmen Krankheit oder etwas anderem anstecken. Er erwartete sie in sicherem Abstand an der Bushaltestelle gegenüber, und alle standen wir an den Fenstern. Auch die ›Besonderen‹. Es brauchte nicht viel, dass die an den Fenstern klebten. Jedenfalls schauten alle zu, wenn Elischewa zu ihrem Onkel rannte. Dann war sie plötzlich leichtfüßig, wie du sie sonst nie sahst. Wenn sie bei der Haltestelle ankam, schauten sich die beiden noch einmal zum Heim um. Dann nahm sie die Hand ihres Onkels und sie verschwanden hinter den Autowerkstätten.

Als wir an jenem Donnerstag von unserem ›Zooauslauf‹ zurückkamen, sahen wir vor dem Heim einen Polizeiwagen. Schosch, die Heimleiterin, stand am Tor, und zwei Polizisten holten einen Jungen mit Pelzmütze aus dem Wagen. Sie brachten ihn bis zum Tor und gingen mit ihm und Schosch die Treppe zu den ›Besonderen‹ hinauf.

Die Polizisten gingen ganz dicht neben dem Jungen, als hätten sie Angst, dass er ihnen im letzten Moment noch entwischte. Sie hielten sich derart nah bei ihm, dass wir ihn gar nicht anschauen konnten, diesen Neuen, und erst, als er oben auf dem Treppenabsatz ankam, drehte er sich kurz um und warf uns einen Blick zu, halb spöttisch, halb amüsiert, als wollte er sagen: »Seht nur, wie sie mich bewachen, sie haben allen Grund dazu!« Dann verschwand er hinter der Gittertür.

Sogar Schosch, die sonst nicht so leicht aus der Ruhe zu bringen ist, war ganz aufgeregt, als sie von den ›Besonderen‹ herunterkam, um in der Küche die Zubereitung der Falaffel zu überwachen. Dauernd klingelte das Telefon, und Schosch verbrachte die meiste Zeit im Büro. Erst als wir schon in den Betten lagen, nach dem Lichterlöschen, hörten wie Elischewa, den Wurm, sagen: »Hey, Leute, ich habe brandneue Informationen!«

Natürlich meinte sie den Neuen. »Also«, fing sie an. Immer wenn Elischewa etwas Neues wusste, redete sie plötzlich wie eine Schulleiterin bei einer Feier. »Also, ihr Lieben. Ihr werdet nicht glauben, was in seiner Akte steht.«

»Was denn? Was denn?«, kamen die neugierigen Rufe aus allen Betten. Elischewa schwieg mit einem geheimnisvollen Lächeln auf den Lippen. Mit ihrem rüschenverzierten Nachthemd im Mondlicht sah sie aus wie eine etwas rundliche Fee der Nacht.

»Vielleicht hat jemand eine Waffel übrig? Das würde mich jetzt retten.« Elischewa versuchte es immer wieder. Vielleicht konnte sie ja bei dieser Gelegenheit, als wir alle vor Neugier fast umkamen, einen Krümel von irgendetwas ergattern. Nach gründlichem Suchen fanden sich in der hintersten Ecke von Sigalits Koffer zwei mondförmige Kekse. Sie sahen aus, als ob sie schon mindestens zwei Jahre dort gelegen hatten, aber Elischewa störte das nicht, und sie begann eifrig zu knabbern.

»Er heißt Igor Mirkin, sein Spitzname ist Iggi«, erzählte Elischewa und leckte den Zucker vom Keks.

Die Zwillinge kicherten.

»Wenn ihr kichert, hör ich sofort auf«, drohte Elischewa, und Sigalit Marsel schimpfte in Richtung Zwillinge: »Was ist denn daran so komisch?«

»Hast du noch nicht gemerkt, dass die sich über alles kaputtlachen?«, fragte Elischewa.

Liat machte im Dunkeln eine abwertende Bewegung und sagte: »Ist das alles, was du herausbekommen hast? Bloß seinen Namen?«

»Ich habe seine Akte schon gestern durchgesehen. Unter seinem Namen steht eine Adresse. Ihr werdet nie drauf kommen, woher er ist.« Elischewa legte sich wieder hin und deckte sich zu. Jetzt mussten wir ein bisschen betteln, damit sie weitererzählte.

»Also, was steht drin?«, fragten Chagit oder Ronit. Im Dunkeln konnte man sie erst recht nicht auseinander halten, weil man auch den Leberfleck auf der Wange nicht sah. Die mit dem braunen Fleck war Chagit, die ohne Ronit.

Sie sprangen zu Elischewa ins Bett. Die eine setzte sich auf Elischewas Beine, die andere kitzelte, doch Elischewa war nicht so leicht weich zu kriegen.

»Schade um die Energie«, sagte Liat. »Durch so viel Speck dringt Kitzeln gar nicht durch.«

»Und dich kann man überhaupt nicht kitzeln«, gab Elischewa zurück, »sonst steckt man sich gleich mit deinem Gift an.«

Wir lachten alle. Vor allem die Zwillinge. Und wenn die einmal anfingen, hörten sie nicht mehr auf.

»Bevor es nicht ganz still ist, erzähl ich nicht weiter!«, verkündete Elischewa in einem weiteren Anlauf wie eine pingelige Lehrerin. Wir fingen an, uns gegenseitig zum Schweigen zu bringen.

Nach mehreren Versuchen war es im Zimmer endlich ruhig. Elischewa richtete sich schon auf und wollte weiterreden, da begann Becki mit ihrer nächtlichen Gymnastik. Sie atmete in einem bestimmten Rhythmus ein und aus, als ginge sie das alles nichts an.

»Uff! Muss das jetzt sein?«, schimpfte Sigalit Marsel.

Becki erklärte zwischen zwei Atemzügen: »Wenn wir eines schönen Tages in dem Verlies der Chirbe landen, dann werdet ihr Waschlappen wie Wackelpudding daliegen, und nur ich werde hochklettern, ausbrechen und mich über die Regenrinne in die Freiheit absetzen können. Es wird euch noch Leid tun, aber dann ist es zu spät.«

Mehrere Minuten herrschte absolute Stille. Was Becki Wasana mit ihrer klaren Stimme so überzeugend gesagt hatte, konnte man nicht einfach abtun. Zwar hatte niemand Beweise, dass es dort wirklich ein Verlies gab und braune Einheitsblusen, aber nun lagen wir alle in den Betten und konnten nicht anders als über diesen schrecklichen Ort nachdenken, das Choreb-Heim, das wir die Chirbe nannten. Erst nachdem Becki mit ihren Übungen fertig war, stand Elischewa im Bett auf und verkündete feierlich: »›Problematisch‹ – das steht in seiner Akte!«

Dieses Wort hatte noch keine von uns gehört. Wir kannten viele Begriffe, die man über die ›Besonderen‹ sagte: ›verschlossen‹, ›aggressiv‹, ›verweigert sich‹, ›kontaktscheu‹ – aber ›problematisch‹, das klang fast so aufregend wie ›kriminell‹. Warum hatten sie ihn nicht gleich in die Chirbe geschickt?

Elischewa erzählte noch eine lange Geschichte mit vielen Einzelheiten. Weiß Gott, wie viele Stunden sie in der Nacht in Schoschs Büro mit seiner Akte zugebracht hatte. Sie wusste, dass Igors Familie Neueinwanderer aus Russland waren und in einer Containersiedlung an einem gottverlassenen Ort lebten.

Eines Morgens merkte die Familie, dass Iggi verschwunden war. Er trieb sich auf den Straßen herum, übernachtete in Treppenhäusern, aß in Restaurants die Reste von den Tellern und durchquerte zu Fuß das ganze Land. Die Polizei suchte ihn ein halbes Jahr, bis man ihn in einem Kibbuz im Süden fand, wo er in einem Pferdestall auf dem Stroh schlief.

Wenn Becki nur das Wort Pferde hörte, richtete sie sich schon auf und war plötzlich ganz interessiert. Sie holte alle ihre Kleider aus dem Koffer, legte sie neu zusammen und stapelte sie ordentlich aufeinander. Ein Hemd auf das andere, eine Hose auf die andere. Das machte sie jeden Abend, ehe sie schlafen ging. Als müsse sie plötzlich mitten in der Nacht aufstehen und unerwartet aufbrechen.

Als Elischewa mit ihrer Geschichte über den ›problematischen‹ Iggi fertig war, hatte auch Becki ihren Koffer neu gepackt und ging zum Fenster. Da stand sie, schaute mit ihrem besonderen Blick hinaus und schwebte an einen fernen Ort, tief in die Nacht.

4

»Manchmal passiert den Zigeunern etwas, mitten in der Nacht«, sagte Becki Wasana zu mir vor dem Einschlafen. Die anderen Mädchen waren schon still, jede hatte sich unter ihre Decke verkrochen. Draußen jaulte der Herbstwind.

»In so einer Nacht flüstern die Zigeuner auf einmal an den kleinen Feuern miteinander, und der Wind weht ihre Stimmen weiter, wie er zischelnde Glut verstreut. Plötzlich erwachen die Tiere aus dem Schlaf. Die Pferde stampfen unruhig, die Esel schwenken die Köpfe hin und her, und die Glocken an den Hälsen der Ziegen bimmeln gedämpft in der Ferne. In solchen Nächten riechen die Tiere es in der Luft, dass die Vertreibung der Zigeuner naht.«

»Wer will sie denn vertreiben?«, fragte ich, doch meine Worte gingen im Lärm der metallenen Fensterläden unter, die gegen die Hauswand schlugen.

»Der Mann, der die Karawane anführt, bläst in ein ganz langes Horn«, erzählte Becki weiter, als rede sie im Traum, »und am anderen Ende kommt der Ton heraus und hallt aus allen Richtungen wider. So verwirrt er die Grenzposten, damit sie nicht merken, wie die Zigeuner in der Herbstnacht heimlich von einem Land ins nächste ziehen.«

»Warum ziehen sie denn nachts über die Grenze?«, fragte ich und legte mir die Hand auf den Bauch. Mein Magen bäumte sich auf.

»Weil sie keinen Platz zum Leben haben. Barfuß ziehen sie nachts von Land zu Land, so wie wir die Straßenseite wechseln«, sagte Becki, und ich hätte schwören können, dass ich die Schritte der Zigeuner schon hörte, auf den rötlichen lehmigen Wegen zwischen felsigen Bergen: plack ... plack ... plack.

»Woher weißt du das?«, flüsterte ich ganz leise, um die nächtliche Reise nicht zu gefährden.

»Mein Vater ist Zigeuner«, sagte Becki und schüttelte im Dunkeln lachend ihre Locken.

Wie konnte sie in diesem Moment lachen, wo die Zigeuner bei uns durchs Zimmer zogen, ganz nah, zwischen den Betten hindurch, und auf all ihren merkwürdigen Instrumenten spielten, deren Klänge Becki so gut nachahmte. Instrumente aus Holz, in denen Kernchen aus Fichtenzapfen und trockene Erbsen rasseln. Kastagnetten und uralte Tamburine, jaulende Geigen. Auf merkwürdigen Flöten aus Schilfrohren aller Art und in allen Größen blies der Wind. Lange, goldberingte Finger klopften auf Trommeln, die mit der Haut von Schlangen und Rieseneidechsen bespannt waren.

»Und deine Mutter?«, wagte ich zu fragen, als sie einen Moment schwieg.

»Die ist bei meiner Geburt gestorben«, sagte Becki geradeheraus, in ihrer Stimme schwang keine Trauer. Sie war so auf den Mann konzentriert, der vor den anderen herging und das lange Horn blies, und auf die hinter ihm durch die Nacht ziehende Zigeunersippe.

»Sie gehen jetzt alle weg, einer nach dem andern, kehren ihren luftigen Überdachungen, den gewundenen Weinranken, den flüsternden Lagerfeuern den Rücken. Hinterlassen nur gelben Staub, wenn sie fortziehen, um sich einen neuen Ort zu suchen, bevor der große Regen kommt.«

Danach machte Becki das Fenster auf und schaute hinaus. Es begann zu regnen, doch sie merkte gar nicht, dass ihr Schlafanzug nass wurde.

»Die anderen Frauen haben mich großgezogen«, sagte Becki und beruhigte die Sorgen, die in mir aufkamen. »Die kleinen, barfüßigen Frauen schlagen leise das Tamburin, damit wir, die kleinen Kinder, den Weg hinter ihnen her finden und nicht im Wald verloren gehen.«

In dieser Nacht, nachdem Iggi Mirkin ins Heim kam, erfuhr ich zum ersten Mal von Beckis Wanderschaft mit den Zigeunern. Durch Wälder, an Flüssen entlang und über verschneite Berggipfel. Im Winter durch die Lehmpfützen und, wenn der Sommer zu Ende ging, durch den gelben Staub, durch die Felder mit den hoch stehenden Weizenähren, da wanderte ihr Vater barfuß und spielte auf einem kleinen Akkordeon.

In dieser Nacht hörte ich zum ersten Mal von dem Zigeunerältesten, der auf einem kleinen bestickten Teppich saß, weil er zum Stehen schon zu schwach war, und mit letzter Kraft von dem Land erzählte, das die Zigeuner früher einmal hatten, wie sie es verloren, und wie sie seitdem umherziehen und es suchen.

Ich hörte, wie Hunde die Zigeunerkarawane mit ihren Wagen und Pferden verbellten, hörte die Klänge des Akkordeons von Beckis Vater über den grünen Feldern.

Ich hörte auch das Flüstern der Alten, die am Lagerfeuer Tee tranken und Karten spielten, wenn die Karawane Rast machte. Als Becki die Goldzähne beschrieb, wie sie im Licht der kleinen Feuer funkelten, sah ich es in unserem Schlafsaal, vor dem Madonna-Poster über Liats Bett aufleuchten.

Und als Sigalit Marsel im Schlaf fluchte, stellte ich mir vor, bei den Zigeunern zu schlafen, zwischen lauter warmen Körpern, jeder auf seinem bestickten Teppich. Und Sigalits heisere Stimme vermischte sich mit der des Alten. Der erzählte die ganze Nacht hindurch von dem Land, das ihnen früher gehörte, und von der großen Sehnsucht danach.

Ich wollte so sehr, dass Beckis Leben mit den Zigeunern für immer so weiterging. Dass es nie aufhören würde. Wenn sie doch nur für immer dort bleiben könnten, wo sie lebten. Ich wollte immer wieder hören, wie Becki die zähflüssige Milch beschrieb, die die Ziegen morgens gaben, und den Geschmack des Käses, den die Zigeunerfrauen daraus machten. Die Käselaibe wurden in Strohkörben an die Bäume gehängt, wiegten sich still im Morgenwind, der sie mit seinem Blütenstaub süßte, da reiften sie ganz langsam.

Ich hätte Becki endlos weiter zugehört, doch dann kam der schlimmste Teil ihrer Geschichte.

All die Stimmen und das Gebimmel brachen plötzlich ab, und die vierjährige Becki wachte auf, zurückgelassen in einem Maisfeld. Die Zigeuner hatten mitten in der Nacht weiterziehen müssen, nichts mehr war von ihnen zu sehen. Weder Zigeunerwagen und Autos noch Pferde. Nur eine rote Sonne stand glühend am Himmel wie eine Feuerkugel über dem weinenden Mädchen.

»Die haben dich vergessen, weil sie es so eilig hatten?«, flüsterte ich entsetzt. Becki antwortete nicht.

Sie blickte vor sich hin und sah mich gar nicht. Sie beobachtete das kleine barfüßige Mädchen, das ganz allein zwischen den hohen Maispflanzen saß und weinte.

»Die haben dich da vergessen, und du hast geweint?«, fragte ich noch einmal, wusste aber nicht, ob Becki mich hörte.

Sie setzte sich auf die Fensterbank und schaute hinaus in die Nacht.

»Ich habe geweint und gebetet, dass ich die Kraft haben werde, weiterzuziehen«, sagte sie. Damit schlief ich ein. Der Satz schwebte im Raum und sog das ganze Zimmer in sein großes Dunkel.

5

Eines Tages zog Sigalit Marsel zu einer Pflegefamilie, die Zwillinge Chagit und Ronit fuhren bis zum Ende des Laubhüttenfestes zu Verwandten, und uns vier im Heim zurückgebliebenen Mädchen brummten sie all die Arbeiten auf, die man im Heim vor dem Winter machen muss.

Es hätte ja Spaß machen können, Stühle und Tische neu zu streichen, wenn Tirza, die Erzieherin, nicht die ganze Zeit zwischen uns hin- und hergerannt wäre und uns gewarnt hätte, bloß nicht mit der Farbe zu klecksen. Da trug ich schon lieber Matratzen zum Lüften aufs Dach. Becki und ich nahmen zusammen eine Matratze, schleppten sie aufs Dach und warfen sie zu den andern auf einen Haufen. Auf dem etwas höher gelegenen Dach der ›Besonderen‹ sahen wir Iggi, den Problematischen. Er hatte zwei Matratzen auf dem Rücken und trottete wie ein Kamel. Mitten auf dem Dach blieb er stehen und warf uns einen Blick von der Seite zu. Unter seiner von den Matratzen ganz verdeckten Pelzmütze schaute er einen Moment hervor wie ein Gefangener in einem Arbeitslager.

Iggi warf die Matratzen mit besonderem Schwung ab, zog sich eine Zigarette hinter dem Ohr hervor und zündete sie an. Dabei schützte er mit der gewölbten Hand die Streichholzflamme vor dem Wind. Ganz professionell. Klar, dass er uns beeindrucken wollte. Wir taten, als ob er uns nicht interessierte, und kehrten ihm den Rücken, damit er unser Lachen nicht bemerkte.

Da sah ich, wie Schosch, die Heimleiterin, vom unteren Balkon aus zu uns hinaufschaute, und ging schnell runter, die nächste Matratze holen.

Als ich zurück aufs Dach kam, war Iggi verschwunden. Becki lag auf dem Matratzenhaufen und träumte. Sie sagte kein Wort über ihn, aber ich merkte auch so, dass dieser Problematische eine besondere Wirkung auf sie hatte.

Mit weit aufgerissenen Augen lag sie da und schaute in die Gegend. Wieder mit diesem verlorenen Blick, der über die Autowerkstätten schweifte und in Richtung der Blumen-Gewächshäuser weiterzog, bis zum Horizont. Wenn Becki so schaute, wusste ich, dass sie an ihr früheres Leben mit den Zigeunern dachte.

»Ich glaube, ich muss dringend einen festen Vater finden«, sagte Becki.

Was Alma Dunski wohl zu so einem Satz gesagt hätte.

Wie schnell habe ich die Kinder aus meiner vorigen Klasse vergessen. Wie schnell habe ich mich an die ›Schwierigen‹ und die ›Besonderen‹ um mich herum gewöhnt. Ich wüsste gern, ob Mädchen mit glattem, glänzendem Haar wie Alma in irgendeiner Phase ihres Lebens auch mal schwierig werden können. Wenn ja, dann kräuselt sich sicher plötzlich ihr Haar. Das ging mir so durch den Kopf, als Becki ihren Satz sagte.

Ich wusste nicht, ob Becki wegen Iggi an einen festen Vater dachte oder wegen der nervenden Arbeit, oder vielleicht wegen der Pflegefamilie, die am Tag zuvor Sigalit Marsel angenommen hatte.

Da saßen wir gerade alle auf dem Balkon und haben Schulhefte eingeschlagen. Elischewa kaute dabei eine Scheibe Brot aus einer ihrer Taschen. Das Brot war einmal mit Marmelade bestrichen gewesen, von der aber außer ein paar roten Flecken am Rand nicht mehr viel zu sehen war. An denen nuckelte Elischewa in der Hoffnung auf ein bisschen Süße.

Ich schaute Elischewa an, sah, wie sie plötzlich das ganze Stück Brot in den Mund stopfte, als wollte sie es auf einmal verschlingen. Dabei blickte sie wie gebannt auf etwas im Hof. Ich schaute auch hinunter und sah, wie Schosch mit einer Familie ankam.

Die Eltern setzten sich auf eine Bank und stellten einen Kinderwagen daneben ab. Vier andere kleine Jungen sprangen wie Ninja Turtles im Sandkasten.

Becki wickelte weiter ihre Hefte ein, als ginge sie das alles nichts an. Sie schaute noch nicht einmal auf. Vielleicht gefielen ihr diese Eltern von Anfang an nicht. Aber im Grunde benahm sich Becki immer so, wenn wir wegen irgendetwas ganz außer uns waren. Alle Mädchen gerieten in Erregung und kicherten, nur Becki schien plötzlich weit weg zu sein. Beinah gleichgültig.

Vielleicht hat sie ja bei den Fischern und den Trapezkünstlern im ungarischen Zirkus so viel Spannendes und Aufregendes erlebt, dass sie nicht mehr so leicht aus der Ruhe zu bringen war. Sie hatte es mir einmal so gesagt: »Mein Lebensweg ist mit mehr Überraschungen gepflastert als in allen Superman-Filme vorkommen.«

Schosch gab Sigalit ein Zeichen, sie solle in den Hof kommen.

»Ich?«, fragte Sigalit heiser, mit einer Stimme, die direkt aus ihren nächtlichen Alpträumen kam, und rührte sich nicht von der Stelle. Dabei war es schon ihr drittes Treffen mit dieser Familie. Nur wir hatten sie noch nie gesehen. Und die dritte Begegnung war die entscheidende.

Schosch kam auf unseren Balkon und nahm Sigalit an der Hand, als brauchte sie plötzlich jemanden, der ihr beim Treppensteigen half.

Elischewa flüsterte erstaunt: »Ich habe nirgends gelesen, dass die eine totale Karnickelfamilie sind.«

»Kinderreich nennt man das«, verbesserte Liat und legte ihr seltenes großzügiges, ungiftiges Lächeln auf. Wenn Leute kamen, um ein anderes Mädchen zu adoptieren, war sie plötzlich immer ganz geduldig und verständnisvoll.

Die neuen Eltern von Sigalit sahen nicht gefährlich oder unangenehm aus. Sie standen sogar auf, als sie in den Hof herunterkam, und gingen ihr entgegen, um sie zu begrüßen. Der Vater lächelte, die Mutter nahm Sigalits Hand in ihre beiden warmen Hände und hielt sie einen Moment. Doch sogar von unserem Balkon konnten wir sehen, wie Sigalit vor ihr erstarrte und zur Salzsäule wurde.

Liat grinste und sagte spöttisch: »Bei denen kann sie ja lange auf ihren Fotografen warten.« In diesem Moment, wie auf ein Zeichen, versanken wir alle in langes Schweigen.

Vielleicht passierte uns das immer, wenn eine von uns wegging. Du konntest monatelang neben so einem Mädchen wie Sigalit Marsel leben, ohne ein Wort mit ihr zu wechseln, dich aufregen, wenn sie im Schlaf mit ihrer brüchigen Stimme so fluchte und Worte zwischen den Zähnen hervorpresste, dass dir ganz kalt wurde. Du hast dich über ihre Pläne lustig gemacht, als Fotomodell den Durchbruch in die große Welt zu schaffen, und hinter ihrem Rücken gelacht, wenn sie von ihrem amerikanischen Vater erzählte, von dem es noch kein einziges Lebenszeichen gab, aber als sie dann plötzlich gehen sollte, war es, als reiße man etwas von dir, ohne das du schon nicht mehr kannst. Da merkst du, dass du diese Sigalit Marsel schon beinahe lieb gewonnen hast. Kaum zu glauben.

Jede von uns auf dem Balkon achtete darauf, nicht die Blicke eines anderen Mädchens zu treffen, denn wir hatten alle denselben entsetzten und traurigen Ausdruck im Gesicht.

»Noch geht sie nicht«, sagte uns Schosch kurz angebunden, als sie mit Sigalit und der Familie ins Büro ging. »Sie kommt sich noch verabschieden. Und jetzt macht bitte eure Arbeiten weiter.«

Als Schosch mit Sigalit und ihren neuen Eltern verschwunden war und nur noch die kleinen Brüder unten im Sandkasten tobten, machte Becki einen Handstand, streckte ihre barfüßigen Trapezkünstlertochterbeine in die Luft und sagte leise mit ihrer tiefen Stimme:

»Wenn ich mir nicht schleunigst selber eine feste Familie suche, wird Schosch mich noch an so eine vermitteln. Da kann ich dann sitzen und weinen bis ans Ende aller Tage.«

An diesem Morgen fasste Becki den Entschluss, so lange keine Ruhe zu geben, bis sie einen festen Vater für sich fand, und zwar auf eigene Faust.

6

Das ging so: Zuerst brauchst du einen ›Kandidaten‹, den du dir als Vater vorstellen kannst. Wenn du den hast, wartest du auf drei Zeichen von ihm. Zeichen müssen immer drei sein. Wie alle wichtigen Dinge im Leben.

So wie Schosch drei Warnungen gab, bevor sie einen auf die Warteliste für die Chirbe setzte. Wenn du drei Monate lang als Erste auf ihrer Liste warst, flogst du raus. Es gab ein Gerücht, sie würden dir dann noch drei Tage Bewährung geben, bevor sie dich endgültig rauswarfen. Aber wenn man sich drei Monate hartnäckig auf dem ersten Platz dieser Liste gehalten hatte, konnte ich mir schwer vorstellen, wie man dann plötzlich für drei ganze Tage, von morgens bis abends, zu so einem Engel mit Flügeln werden konnte, wie Schosch es von uns verlangte.

Die drei Zeichen von deinem Kandidaten zeigen dir, dass er der richtige Mensch ist, um dein fester Vater zu werden. Dabei ist das erste Zeichen das wichtigste. Wenn das nicht kommt, kannst du lange auf die andern warten, bis ans Ende aller Tage, hat Becki mir erklärt.

Schon am Freitagmittag spürte ich, dass etwas in Becki vorging. In der Dusche zog sie sich in eine der Kabinen zurück und widerstand sogar der Versuchung, Elischewa, den Wurm, nass zu spritzen. Nicht einen Tropfen! Und als sie von Liat ein bisschen Shampoo borgte, war ich schon richtig neugierig.

Normalerweise interessierte es Becki nicht, wie ihr Haar aussah. Ganz selten bürstete sie sich. Nach dem Haarewaschen schüttelte sie ein paarmal wie ein nasser Hund ihre Locken, und während die andern Mädchen in der Schlange auf den Föhn warteten, nutzte Becki die Zeit, um im Gang zwischen den Duschkabinen herrlich auf der Seife zu schlindern. Bis heute glaube ich, dass Becki ein unentdecktes Schlindertalent ist.

Wie dem auch sei, wenn sich Becki mit einem besonderen Shampoo die Haare wusch und sie dann auch noch vor dem Spiegel föhnte und mich fragte, wie sie aussehe, merkte auch ich, dass sie einen Kandidaten im Kopf hatte. Und diesmal nicht einen, der irgendwo weit weg mit seinen Fischernetzen hantierte, auch keinen, der Abend für Abend auf dem Trapez vor atemlosem Publikum sein Leben riskierte. Beckis neuer Kandidat, sagte ich mir, konnte jeden Moment eintreffen, wenn er nicht womöglich bereits unter uns weilte.

Zu Beginn des Schabbat, während Schosch unerschüttert auf ihrer Flöte das traditionelle Schabbatlied falsch spielte, flüstert Becki mir plötzlich, den Mund voller Bonbons, ins Ohr: »Spürst du nicht auch, dass heute Abend eine ganz besondere Woche beginnt?« Und als Schimon ihr die wöchentliche Portion Toffees in die Hand gibt, meine ich, einen neuen Glanz in ihren Augen zu entdecken.

Schimon, der Erzieher? Als Beckis Kandidat? Ich staune nicht schlecht bei diesem Gedanken. Schimon, der jeden Abend Jogurt, Eier und zu dicke Brotscheiben verteilt und morgens – Sardinen?! Ich schaue Becki an. Ihre Locken glänzen und hüpfen richtig nach dem Haarewaschen. Mit ihrem strahlenden Lächeln sieht sie heute Abend aus, als sei sie bereit, Schimon alles zu verzeihen. Sogar die ekligen Sardinen.

Man könnte Schimon schon nett finden, wenn man sich Mühe gibt, sagte ich mir. Sogar Liat, die sonst über alle giftete, hatte nur selten ein böses Wort für ihn. Liat, die, selbst wenn der Messias höchstpersönlich auf seinem weißen Esel dahergeritten käme, etwas an ihm auszusetzen fände.

Eigentlich, fiel mir beim Nachdenken ein, war Schimon doch ein ganz guter Kerl. Ich versuchte, mich auf diesen Gedanken einzulassen. Er strafte nicht ohne Grund, hielt keine unerwarteten Standpauken und sagte auch nicht dauernd Sprüche, wie Schosch es so gern tat. Denksprüche, die dir genau erklären, wie du leben sollst, und dich warnen, was dir passiert, wenn du vom rechten Weg abkommst.

Wenn ein Mädchen endlich einen festen Vater gefunden hat, sagte ich mir, schaut sie die Menschen vielleicht anders an. Dann ist sie womöglich bereit, auch zu verzeihen, sieht seine guten Seiten und übersieht seine Schwächen. Schwächen hat doch jeder von uns, dachte ich mir. Ich hatte den Eindruck, dass Becki zum Abwischen der Esstische an diesem Abend besonders lange brauchte. Sonst brachte sie diesen ›Frondienst‹, wie sie das voller Abscheu nannte, möglichst schnell hinter sich. Jetzt wurde es mir sonnenklar. Becki tat alles, um in Schimons Nähe zu sein. Dass ich da nicht früher drauf gekommen war!

Nach dem Lichterlöschen, als alle Mädchen endlich eingeschlafen waren, kroch ich unter meiner Decke hervor und setzte mich auf Beckis Bett.

»Hast du ein erstes Zeichen bekommen?«, fragte ich sie.

»Was für ein Zeichen?«, flüsterte Becki mit weit aufgerissenen, staunenden Augen ins Dunkel.

Anscheinend war es ihr noch zu früh, mir von dem ersten Zeichen zu erzählen, doch ich bedrängte sie.

Becki sah mich misstrauisch an und versank in ihr Schweigen. Wie konnte sie nur so schweigen, während ich vor Neugier fast platzte? Als ob nicht auch ich sie an meinen allergrößten Geheimnissen teilhaben ließ. Ich hatte ihr schließlich auch von dem weißen Haus mit dem Wetterhahn erzählt.

Becki schaute schweigend zum Fenster. Ihr Blick schwebte jetzt hinaus, wie wenn sie mir nachts manchmal von ihrem Traum erzählte, der immer wiederkam.

In dem Traum sieht sie den allerdunkelsten Ort auf der Welt. Schwarze Hügel in mondloser Nacht – so beschreibt sie ihn. Wenn sie mir von diesen Hügeln erzählt, hat sie keine Angst. Nur eine unbändige Sehnsucht nach dem wilden Ort, den es irgendwo gibt und den nur sie sehen kann.

Jedes Mal, wenn sie ihren merkwürdigen Traum erzählte, bekam sie so einen geheimnisvollen Blick, wie diesmal auch. Nein, ich konnte mich nicht bis zum Morgen gedulden. Sogar im Dunkeln sah ich das Geheimnis in ihren leuchtenden Augen. »Nur das Zeichen, Becki. Nur ein Wort. Wenn du's nicht sagen kannst, schreib es auf einen Zettel.«

Das klang schon fast wie eine flehentliche Bitte, wie die Stimme von Alma Dunski, wenn sie etwas von dir brauchte und sich einschmeichelte. Mein Ehrgefühl hatte ich schon vergessen. Becki hatte wohl etwas Mitleid mit mir, denn sie schaute mich verzeihend an, als sei sie fast ein bisschen enttäuscht von mir.

Vielleicht erwartete Becki Wasana, dass ich das Zeichen ohne Erklärungen verstand, aber was sollte ich machen, ich verstand es nicht.

»Wenn du es nicht sagen oder aufschreiben willst, dann mach wenigstens eine Andeutung.« Diesmal gab ich nicht auf.

Sie schwieg noch mehrere Sekunden lang. Vielleicht stellte sie sich eine gute Freundin vor, die die Dinge auch ohne viel Reden versteht. Eine Freundin, der du nur zuzwinkern musst oder mit der Zunge schnalzen, und schon weiß sie genau, was du gerade im Kopf hast.

Becki setzte sich auf die Fensterbank – das war ihr Lieblingsplatz –, schwang die Beine nach draußen und sprach wie zu sich selbst:

»Die Zigeuner hassen Schuhe an den Füßen. Lass sie barfuß laufen. Nur so riechen sie die Freiheit. Mit nackten Füßen spürst du jede Erdfalte, jeden Stein, jeden Grashalm. Wer sein Land verloren hat, sucht es überall, die ganze Zeit, mit den Zehen.«

»Aber Schimon, der Erzieher, läuft doch nie barfuß«, murmelte ich.

»Wieso Schimon?« Becki Wasana war entsetzt und schaute mich an, als käme ich vom Mond. »Ich rede von meinem Zigeunervater, der bald kommen muss.«

In diesem Moment wollte ich mich nur noch weit weg verkriechen und nie mehr auftauchen. Ich ging in mein Bett, zog die Decke über den Kopf und sagte kein Wort mehr, bis ich einschlief.

7

Wie hatte ich auch nur einen Moment glauben können, dass Schimon, der Erzieher, ein umherziehender Zigeuner war, der sein verlorenes Land suchte. Ich habe zwar noch nie im Leben einen Zigeuner gesehen. Aber den wenigen Zigeunern, die ich aus Filmen kannte, ähnelte Schimon in gar nichts.

Mit dem über der Hose vorstehenden Bauch und dem mit Mühe darüber zugeknöpften weißen Hemd, mit der dicken Brille, hinter der sich seine kleinen, kurzsichtigen Augen versteckten, und der hohen Stirn sah Schimon eher wie ein altgedienter Lehrer aus, wie ein Bankangestellter oder ein Bibliothekar in der öffentlichen Bücherei.

Er sah gewiss nicht aus wie einer, der am Lagerfeuer Karten spielte und dessen Goldzähne im Dunkeln aufleuchteten, wenn er lachte, oder wie einer, der barfuß flink über Berge und Felsen kletterte und einen trockenen Ort suchte, bevor der große Regen kam. Er hat auch sicher nie im Leben das Blasen auf dem großen Horn gehört, mit dem die Zigeuner die Grenzwächter in die Irre führen, wenn sie nachts heimlich die Grenze überqueren.

Wie war ich nur auf die Idee gekommen, Becki Wasana könnte sich einen Kandidaten für die Vaterschaft wählen, der sich nie erinnerte, wo er seine Tasche abgestellt hatte? Kein Tag verging, an dem Schimon nicht verzweifelt nach seinen Schlüsseln suchte, bis er sie schließlich in der Hosentache fand. Wie hatte ich das denken können, wo ich noch nie ein so anspruchsvolles Mädchen wie Becki kennen gelernt hatte. Sogar wenn wir uns entscheiden mussten, wer die ›Wunderbaren‹ waren, die auf dieser Erde wandelten, war ihr keiner gut genug.

Wenn Schosch, die Heimleiterin, eine Liste mit denjenigen hatte, die kurz davor standen, aus dem Heim zu fliegen, so hatten Becki und ich gleich drei, und alle drei waren geheim. Eine Liste der ›allerscheußlichsten Typen‹, eine der ›erbärmlichen Knechte‹ und eine der ›Wunderbaren‹. Jede von uns konnte nur dann weitere Namen auf eine dieser Listen setzen, wenn die andere nichts dagegen hatte. Das heißt, du brauchtest in jedem Fall zwei Stimmen.

Auf der Liste der ›allerscheußlichsten Typen‹ standen ausgesprochen schändliche Kreaturen, einige von ihnen lebten irgendwo anders auf der Welt, wir kannten sie noch nicht mal – aber in ferner Zukunft, wenn wir unsere große Reise an die wunderbarsten Orte der Welt machen würden, hätten wir bei der Gelegenheit mit ihnen noch ›eine Rechnung zu begleichen‹.

Auf die Liste der ›erbärmlichen Knechte‹ kamen Leute, die vielleicht nicht mit Absicht Schaden angerichtet, aber dennoch schrille und ausgesprochen beleidigende Dinge getan hatten. Auf dem ersten Platz dieser Liste rangierte konkurrenzlos unsere Heimleiterin Schosch, wenn wir sie nicht gerade für eine Probezeit auf die Liste der ›allerscheußlichsten Typen‹ gesetzt hatten. Als ich noch neu im Heim war, hatte ich Becki einmal gebeten, Alma Dunski auf die Liste der ›erbärmlichen Knechte‹ zu setzen. Natürlich konnte Becki weder dafür noch dagegen stimmen, weil sie Alma ja nur aus meinen Erzählungen kannte, deshalb ließen wir die Sache fallen.

Dann hatten wir noch eine Liste der ›Wunderbaren‹. Da draufzukommen war fast unmöglich.

Becki wollte, dass die ›Wunderbaren‹ nämlich wirklich wunderbar waren, in jeder Hinsicht, einfach umwerfend. Doch um so ein Geschöpf zu finden, kannst du bis ans Ende aller Tage warten – das gab selbst Becki zu. Nur einmal waren wir uns einig und nahmen einstimmig ein Hundeweibchen aus einem Kibbuz auf, über das wir in der Zeitung gelesen hatten. Es hatte ein Rehkitz, das in den Bergen von den anderen zurückgelassen worden war, adoptiert und es wie sein eigenes Junges großgezogen.

Trotzdem war ich seit jenem Freitag, als Becki sich die Haare mit besonderem Shampoo wusch und anfing, auf ihr Aussehen zu achten, sicher, dass sich bei ihr etwas tat. Ich hätte schwören können, sie wusste, dass sich etwas anbahnte. Es hatte zwar bis Donnerstag kein richtiges Zeichen oder einen Hinweis oder auch nur die Andeutung eines Zeichens gegeben. Doch vielleicht nehmen Kinder wie Becki, die plötzlich ganz jung allein und barfuß in einem Maisfeld zurückgelassen werden, diese Dinge anders wahr als Kinder, die die ganzen Jahre in einem sauberen Bett schlafen, mit geblümtem Schlafanzug und einem Bambi auf dem Lampenschirm.

Am folgenden Donnerstag, als wir mit Tirza und Schimon zu unserem wöchentlichen ›Zooauslauf‹ in die Stadt gingen, kam das erste Zeichen. Erst war alles wie sonst, wenn wir die Zutaten zum Falaffel-Backen einkaufen gingen. Furchtbar langweilig. Auf dem Weg zum Markt liefen wir durch die Fußgängerzone des Städtchens, und Elischewa wurde von den Gerüchen der Imbissstände wieder mal fast ohnmächtig.

»Wenn ich nächstes Mal mit meinem Onkel in die Stadt gehe«, verkündete sie bitter, »das schwör ich euch, dann esse ich zwei ganze Portionen Falaffel, eine nach der andern, und mit sooo viel Sesamsauce, dass sie alles voll tropft. Soll Tirza doch explodieren.« Das flüsterte sie nur noch, denn sie sah, wie Tirza schon auftauchte.

»Warum könnt ihr nicht aufschließen?«, kam sie wieder mit ihrer ewigen Frage und schaute uns müde an.

Wir hatten gerade den Markt erreicht und kamen in dem Gedränge zwischen den Ständen nur quälend langsam voran. Wer dachte da an ›aufschließen‹, wo alle Händler laut ihre wunderbaren Waren anpriesen.

Was man da alles kaufen konnte. Unsere Augen wanderten von einem Stand zum nächsten. Alles, was du siehst, scheint dir an so einem Ort genau das zu sein, was du dein Leben lang gebraucht hast, und du musst unbedingt stehen bleiben und es auf der Stelle kaufen.

Wenn wir in die Gegend kamen, wo sie Tiere verkaufen, bestand Tirza immer darauf, dass wir besonders zügig gingen. Gerade als ich ausrechnete, ob das Geld von zu Hause, das ich gespart hatte, reichte, um ein Pärchen von den einen Tag alten gelben Hühnerküken zu kaufen oder vielleicht sogar ein Häschen, drängte Tirza uns zum Weitergehen und rannte zwischen dem Anfang und dem Ende unserer Schlange hin und her.

Denkt bloß nicht, wir durften bei diesen ›Zooausläufen‹ etwas für uns einkaufen. »Wenn es nicht alle kaufen können, dann kauft keine etwas!« Das war die langweilige Regel der Heimleitung. »Ihr dürft euch kaufen, was ihr wollt, wenn ihr ohne die Gruppe in die Stadt geht.« Aber wer aus diesem Heim ging schon mal ohne die andern in die Stadt? Ich dachte mir, bis ich am Ende aller Tage mal so einen Freigang allein genehmigt kriegen würde, werden die Küken schon ausgewachsene Glucken sein.

»Wo ist Becki?«, fragte Tirza mich beiläufig, als sie an mir vorbeihetzte. Wer kann in diesem Gedränge bitte wissen, wo jemand anderer gerade ist, fragte ich mich im Stillen.

Als ich nicht antwortete, packte sie mich am Ellbogen, stützte sich ein bisschen auf mich und schaute in alle Richtungen. Ich tat so, als ob auch ich mich umschaute, nur damit sie mich losließ. In dem Gewühl sah man ohnehin nichts. Ich wollte in diesem Moment nur noch mal einen Blick auf die Kiste mit den wunderschönen Häschen werfen.

»Wo ist Becki Wasana?«, fragte Tirza noch einmal und pflanzte sich vor mir auf, als ließe sie mich keinen Schritt mehr weitergehen, bis ich ihr Becki zurückbrachte.

»Sicher schon vorausgegangen«, murmle ich, damit sie sich beruhigt. Aber so leicht ist Tirza nicht zu beruhigen.

»Schimon?!«, schreit sie nach vorn, »Becki Wasana ist weg!« Wenn sie Beckis Namen ausspricht, hat sie so eine seltsame Stimme, als müsse ein Mädchen mit diesem Namen ja mitten auf dem Markt verschwinden.

Schimon dreht sich um, versucht, die Gruppe anzuhalten und die Kinder dazu zu bringen, dass sie ihm zuhören. Aber im Grunde sagt er gar nichts, wie immer, wenn er durcheinander ist. Er fuchtelt nur mit den Armen in alle Richtungen, als ob er wollte, dass sie sich aus den Schultergelenken lösten. Wie habe ich nur denken können, dass Becki sich diesen lächerlichen Mann zum Vater nimmt, schießt es mir wieder durch den Kopf.

Alle schauen jetzt auf Schimon und warten, was er sagen wird. Iggi, der Problematische, ist der Einzige, den das nicht interessiert. Er wirft mir unter seiner

Pelzmütze, deren Ohrenklappen bei jedem Schritt frech hin- und herschlenkern, einen neugierigen, geradezu erheiterten Blick zu. Ich könnte schwören, dass er gerade überlegt, wie er hier abhauen und untertauchen kann, auf diesem von Menschen wimmelnden Markt.

Er bahnt sich einen Weg zu mir. Sicher will er mir etwas wegen Becki ins Ohr flüstern. Aber stattdessen zeigt er mir, wie er mit der einen Hand die Fingergelenke der andern knacken lässt. Iggi schaut mich an, als wolle er fragen: »Na, was sagst du dazu?«, und ein ganz besonderes Lächeln liegt auf seinem Gesicht.

Schimon drängelt sich zu Tirza durch. Er schaut sie durch seine dicken Brillengläser an. Seine kleinen Augen zwinkern. Er blickt Tirza an und beobachtet dann wieder die dicht gedrängten Menschen, die sich links und rechts von uns entlangschieben.

»Was machen wir jetzt, Schimon?«, fragt Tirza herausfordernd. Sie ist seinem Schweigen gegenüber hilflos. Auch sie steht weiter wie angewurzelt da und blickt ihn zornig an, als ob er an allem schuld wär. Schimon wird noch nervöser. Man sieht es daran, wie seine Arme über unseren Köpfen fuchteln.

»Du bleibst bei den Kindern, und ich gehe sie suchen«, sagt Tirza schließlich knapp und wie beleidigt.

Im selben Moment ertönten ganz unerwartete, ungewohnte Klänge, sodass sich alle gleichzeitig umdrehten. Auf dem kleinen Hügel an der anderen Seite des Marktplatzes stand ein Eiswagen, doch die Musik aus seinem Kassettenrekorder war nicht wie die üblichen metallischen Melodien, die solche Eiswagen sonst auf der Straße spielen. Etwas an dieser Melodie klang fremd, von weit her, wie eine Volksweise aus einem fernen, vergessenen Land. Sie hatte etwas an sich, das du immer weiterhören willst, als hättest du dein Leben lang keine andere Melodie gehört.

Da waren einige Geigen, die gleichzeitig spielten, und dann plötzlich ein Akkordeon. Sie verbreiteten eine sanfte Wildheit auf dem Markt, als wäre ein junges Pferd in wunderschönem Galopp zwischen den Leuten hindurchgelaufen. Und als das Pferd am Ende der Straße ankam, schüttelte es so frei seine Mähne und schaute dich so weich und sanft an, dass du laut und unbeschwert loslachen wolltest, wie du noch nie im Leben gelacht hast.

Ich weiß nicht warum, aber ich spürte, dass diese Melodie etwas mit Becki zu tun hatte. Sofort schaute ich wieder in die andere Richtung, um nicht womöglich ihr Versteck zu verraten. Ich war mir ganz sicher, dass sie sich irgendwo in der Nähe des Eiswagens aufhielt. Schimon blickte zu dem Hügel. Seine kleinen, weit aufgerissenen Augen suchten zerstreut. Auch ich konnte mich schon nicht mehr konzentrieren. Als ich die Musik hörte, veränderte sich etwas in mir.

Ich glaube, mit allen Leuten auf dem Markt war plötzlich etwas geschehen. Und als die Musik abbrach, war es in dem Gedränge fast still, soweit das auf einem belebten Markt möglich ist. Die Leute bahnten sich wieder ihren Weg durchs Gedränge, doch die Händler priesen noch eine ganze Weile später ihre Ware nicht mit lautem Geschrei an. Die Hühner und Truthähne in den Holzkisten hatten aufgehört zu gackern. Sogar die kleinen gelben Küken zwitscherten nicht mehr mit ihren feinen Stimmchen.

Auch Tirza sah verändert aus, als sie erfolglos von ihrer Suche in dem Menschengewimmel zurückkam. Du hättest erwartet, dass sie noch nervöser und aufgeregter zurückkommen würde. Doch nun verbarg auch sie sich hinter einem stummen Gesichtsausdruck, und wir alle folgten Schimon, der kein Wort sagte und uns nur mit einer Bewegung bedeutete, in eine kleine Gasse, wo keine Leute waren, abzubiegen.

Schweigend gingen wir durch die Gasse. Iggi, der Problematische, lief neben mir und summte etwas vor sich hin, als spräche er mit sich selbst. In der Stille meinte ich die Zauberklänge der Geigen zu hören. Sie begleiteten seine heisere Stimme. Er war schon im Stimmbruch.

Die Gasse umging die Fußgängerzone, führte uns nach ein paar Minuten in die Gegend der Autowerkstätten und mündete dann in die Straße zum Heim. Ich weiß nicht, ob Tirza und Schimon beschlossen hatten, die Einkäufe für das Falaffel-Backen ausfallen zu lassen und direkt ins Heim zurückzugehen, oder ob uns einfach die Gasse diesen Weg wies. Vielleicht war es auch die Musik, die irgendwie so in unser Leben gedrungen war, dass sich alles veränderte.

Schimon und Tirza gingen schweigend vorneweg, wir trabten hinterher. Den ganzen Weg sagte keiner ein Wort. Nur Elischewa, die plötzlich das Dach des Heims hinter den Bäumen entdeckte, rief laut:

»Was, dann backen wir heute keine Falaffel?«

Niemand reagierte. Nur Tirza antwortete leise: »Dafür kannst du dich bei Becki bedanken.« Sie sah noch nicht einmal aus, als genösse sie es, wie sonst, wenn sie eine schlagende Antwort parat hatte.

Ungefähr zwei Stunden, nachdem wir zurück im Heim waren, tauchte Becki auf. Schosch saß am Telefon und sprach mit allen Polizeistationen der Gegend, als Becki hereinkam und durch den Flur lief. Die Mädchen, schon völlig davon überzeugt, sie sei entführt worden und für immer verschwunden, umringten sie und bestürmten sie mit Fragen.

Schosch kam aus ihrem Büro und bahnte sich einen Weg zwischen den Mädchen, und alle wichen zur Seite, als sie Becki am Arm packte. Ich bin sicher, dass es alle möglichen schrecklichen Heime gab, wo sie einen am Kragen packen und wegschleifen, und in einer Fernsehserie habe ich mal gesehen, wie ein Lehrer die Schüler an den Ohren packte und zum Schulleiter zog. Schosch nahm Becki einfach am Arm. Man kann noch nicht einmal sagen, dass sie sie in ihr Büro zerrte. Schosch begleitete Becki bloß vor unser aller Augen durch den Flur.

Trotzdem weiß ich genau, wie sich das anfühlt, wenn sie dich am Arm packt. Als ob du keinen Körper mehr hättest und auch keinen Kopf. Der Kopf ist ganz leer. Dann bist du nur noch ein Arm, den man ins Unbekannte abführt.

Noch am selben Abend kam Becki auf die Liste der ›Festgesetzten‹ (Schosch nennt sie die Liste der ›bis auf weiteres vom Ausgang Befreiten‹) und musste außerdem zwei ganze Wochen lang Küchendienst machen. Doch diese Strafen und auch Schoschs zorniger Vortrag, der noch den ganzen Abend in den Gängen widerhallte, beeindruckten Becki Wasana, soviel ich beobachten konnte, nicht sehr, und auch nicht die gequält aufgesagten erzieherischen Denksprüche, nachdem Schoschs Zorn schon verraucht war.

Ich sah keine Anzeichen, dass sie das berührte, zumindest nicht, als sie vor Schosch stand. Nur eine kleine spöttische Falte im Mundwinkel, die in manchen Augenblicken wie ein weit entferntes Lächeln aussah.

Doch ich, die ich Becki wirklich kannte, wusste an diesem Abend, dass sich in ihrem Leben etwas verändert hatte.

Nachts hörte ich, wie sie sich unruhig von einer Seite auf die andere drehte. Sie sagte kein Wort. Auch ich schwieg. Wenn Becki mir ein Geheimnis anvertrauen wollte, hätte sie es von sich aus getan. Ich wusste, sie würde darüber reden, sobald sie dazu bereit war. Es hatte keinen Sinn, sie zu drängen. In einem war ich mir sicher: Die Musik, die wir heute auf dem Markt gehört hatten, war das erste Zeichen gewesen. Doch was dieses Zeichen bedeutete, wusste ich noch nicht.

8

Nach jenem ›Zooauslauf‹ in der Stadt hatte Becki Wasana zwei schwere Wochen. Nicht nur, weil ihr die Freigänge gestrichen wurden, nein, sie musste auch Tag für Tag nach allen drei Mahlzeiten das Geschirr abwaschen, und, was schlimmer war, dabei Tirza ertragen, die nämlich den Küchendienst überwachte und jede Gabel und jeden Teelöffel einzeln mit dem Vergrößerungsglas untersuchte, ob sie gut eingeseift und dann dreimal unter fließendem Wasser abgespült worden waren.

Becki ließ sich nicht anmerken, dass sie das störte. Diesen Gefallen wollte sie Tirza nicht tun. Nur einmal, als Tirza wirklich zu weit ging und sie einen ganzen Schwung Tassen noch einmal spülen ließ, blickte Becki ihr genau in die Augen und zischte »Kopf ab!«, eine Art, den anderen zu verabschieden, die Becki von der Königin aus ›Alice im Wunderland‹ übernommen hatte.

Wer diese Formulierung nicht verwendet, ahnt ja gar nicht, was sie für eine Wirkung hat. Ich war schon manchmal dabei, wenn Becki sie zu einem der Mädchen sagte. Die waren dann immer so perplex, dass sie wie angewurzelt und mit offenem Mund stehen blieben und nicht mehr wussten, wo sie mit sich hin sollten. Wirklich, wenn man zu einer »Kopf ab!« sagt, dann benimmt sie sich, als sei sie von einem schlimmen Zauber befallen, der am Körper klebt und den sie nicht abschütteln kann. Ich weiß nicht, ob es der Überraschungseffekt war, oder weil Becki diese Worte immer mit höhnischem Blick und dem Anflug eines Lächelns zwischen den Zähnen hervorpresste.

Schade, dass ich diesen ›Abschiedsgruß‹ nicht schon zu Alma Dunskis Zeiten kannte. Ich wüsste zu gern, ob sie danach weiter so ruhig mit ihren langen Wimpern geflattert hätte.

Tirza jedenfalls war zutiefst beleidigt und verdonnerte Becki auf der Stelle zu einer weiteren Woche Geschirrspülen. Und obwohl Becki damit verloren hatte und noch eine Woche Frondienst leisten musste, wobei Tirza jeden Becher und jeden Teller dreimal umdrehte – wer den beiden aus der Nähe zusah, konnte ganz genau erkennen, wer die Königin war und wer die Magd.

Einige Wochen vergingen. Becki hatte einen neuen Glanz in den Augen, sagte aber noch immer kein Wort über jenen Tag, an dem sie auf dem Markt verschwunden war. Wieder saßen wir nach der Schule auf dem Balkongeländer und ließen die Beine baumeln. Wieder waren wir uns einig, dass wir die Jahre, die wir voneinander getrennt gewesen waren, nicht wirklich gelebt hatten, bis wir einander schließlich fanden.

Beckis große Sehnsucht nach einem festen Vater schien sich für eine Weile beruhigt zu haben. Wir redeten wieder über alle möglichen Dinge, entdeckten gemeinsam, was jede von uns besonders gern hatte, und offenbarten uns unsere größten Geheimnisse: was wir später einmal machen wollten.

»Ich glaube, ich werde ein Asyl für heimatlose Tiere aufmachen«, sagte Becki, »da sammle ich alle ausgesetzten Hunde und streunende Katzen, die nur noch ein Auge haben. Ich werde viel Futter für sie haben, und Liebe.«

So was hatte auch ich schon immer vorgehabt. Vielleicht hatte ich nicht genau an ein Asyl gedacht, aber ich wusste, dass das weiße Haus mit dem Wetterhahn voller Tiere war. Noch bei meinen Eltern zu Hause hatte ich mir nachts im Bett ausgemalt, wie die Hunde zwischen den Rasensprengern herumhüpften. Auf jeder Fensterbank saß eine Katze und leckte sich, und auf den Fluren gingen Pfauen spazieren.

Aber mit Becki – da fängst du mit einem kleinen Asyl an und hast schon bald eine ganze Farm und schließlich einen riesigen Safaripark. »Du brauchst nämlich auch viel Platz für die armen Tiere, mit denen sie in dunklen Labors und muffigen Kellern Versuche machen«, erklärte mir Becki.

Wir haben vor, diese Tiere einfach eines Nachts zu befreien, die Käfige und Gitter aufzubrechen und alle Tiere, von Affenpinschern und Beutelratten über Häschen und Hamster bis zu den Zwergmäusen zu uns zu nehmen. Alle Tiere würden in unserem Safaripark Schutz finden. Wie in einer Arche Noah.

Wenn wir einmal damit anfingen, konnten wir nicht mehr aufhören. Wir erlösten auch die Seehunde, wenn sie es satt hatten, bunte Bälle auf den Nasenspitzen zu drehen, befreiten Zirkustiere, die nicht mehr jeden Abend vor lärmendem Publikum auf den Hinterbeinen laufen wollten. Auch die Delfine brachten wir aus den engen Schwimmbecken ins offene Meer. Und als Becki anfing, Pferde zu befreien, die nicht länger in vorgeschriebenen Bahnen Rennen laufen und über Hürden springen wollten, war ich wie vor den Kopf gestoßen: Warum war ich nicht selber darauf gekommen, dass wir auf unserer Asylfarm auch Pferde haben würden? Das war doch eigentlich selbstverständlich.

Abgesehen von der Leitung des Safariparks für befreite Tiere hat Becki Wasana vor, in ihrem Leben möglichst viel zu faulenzen und nur zu machen, wozu sie Lust hat.

»Und was wirst du mit deinem Mann und mit den Kindern machen, die du mal haben wirst?«, fragte ich sie.

»Hab ich dir das nicht erzählt?«, fragte Becki erstaunt. »Ich will gar nicht heiraten.« Und sie steckte sich noch einen salzigen Cracker in den Mund.

Als sie sah, wie ich plötzlich still wurde, fragte sie mich: »Hast du mal jemanden geliebt?« Der erste Junge, der mir einfiel, war merkwürdigerweise Gai Gordon aus meiner letzten Klasse. Tief in meinem

Herzen wusste ich: Wenn er, statt mich an den Baum zu stellen und mit dem Messer nach mir zu werfen, mich gefragt hätte, ob wir nicht Freunde sein wollten, wäre ich auf der Stelle dahingeschmolzen. Aber das war früher gewesen, das war schon so lange her. Dem ›schwierigen‹ Mädchen im Oranim-Heim saß Iggi, der Problematische, im Kopf und ging einfach nicht wieder raus.

Natürlich sagte ich kein Wort über ihn. Ich schwieg einige lange Sekunden und fragte Becki dann beiläufig: »Sag mal, meinst du, wir können auf unserer Asylfarm für Tiere noch jemanden gebrauchen?«

»Kommt drauf an, wen«, sagte Becki, schaute mich nachdenklich an und fügte nach einer Weile hinzu: »Er müsste natürlich erst mal ein paar Prüfungen bestehen.«

»Wie viele?«

»Drei!«, antwortete Becki sofort und erinnerte mich, für den Fall, dass ich es vergessen haben sollte: »Im Leben geht doch alles mit drei. Wie bei den Zeichen auch.«

»Weißt du«, fing ich nun an, »ich habe noch nicht ganz verstanden, woran du das erste Zeichen erkennst, wenn es kommt.« Ich hoffte insgeheim, dass sie etwas über die Musik sagen werde, die wir an jenem Donnerstag auf dem Markt gehört hatten.

»Ganz einfach«, erklärte Becki, »angenommen, du triffst auf der Straße ein Känguru mit einem Jungen im Beutel.«

»Ein Känguru auf der Straße?«

»Bis hierher ist alles noch ganz normal«, fuhr Becki unbekümmert fort, »aber wenn du an der nächsten Straßenecke ein Känguru mit zwei Jungen im Beutel siehst, dann merkst du sofort, dass du zwei Zeichen bekommen hast.«

Ich war völlig durcheinander. Ich war noch nie auf der Straße einem Känguru begegnet.

»Jetzt denk selber weiter. Wie viele Jungen müssen bei deinem nächsten Känguru im Beutel stecken?«

Sie schaute mich an und platzte fast vor Lachen: »Wann wirst du endlich groß! Weißt du denn nicht, dass die Kängurus immer nur ein Kleines aufziehen?«

Einige Wochen vergingen, bis Becki Wasana wieder vom ersten, zweiten und dritten Zeichen sprach. Da meinte sie es aber schon ganz ernst.

9

Beckis neuer Vater kam an einem verregneten Tag in den Winterferien. Es war am ersten Abend des Chanukka-Festes, völlig unerwartet, wie alle guten Dinge.

Wir saßen gerade in der Küche und schälten Kartoffeln für Kartoffelpuffer, als Elischewa anfing: »Hey, Leute, ich hab eine brandneue Information für euch.« Da wurden wir alle sofort still und spitzten die Ohren. Doch Elischewa stellte die Küchenmaschine an und raspelte die geschälten Kartoffeln, eine nach der andern. Diese großen Momente, wenn alle sie anschauten und ungeduldig auf ihre neuen Informationen warteten, liebte sie.

Nachdem Elischewa uns lang genug hingehalten und unsere Ohren genug mit dem Lärm gequält hatte, schaltete sie die Küchenmaschine aus und schaute eine nach der anderen feierlich an, wie eine Königin ihre Untergebenen mustert:

»Ihr werdet es nicht glauben, ihr Lieben. Aber sie lassen uns heute Abend zum Anzünden der ersten Kerze am Chanukka-Leuchter Krapfen bringen. Ich habe es mit eigenen Ohren gehört, wie Schosch am

Telefon vierzig Chanukka-Krapfen bestellte, für uns, für die ›Besonderen‹ und für die Erzieher.«

Das schlug ein wie eine Bombe. Dazu muss ich erklären, dass unser Heim keine sehr ruhmvolle Vergangenheit mit Chanukka-Krapfen hatte. Die Geschichten passierten lange vor unserer Zeit, und niemand wusste, was davon wirklich stimmte. Aber, wie es in Heimen nun einmal ist, die Gerüchte über Vergangenes leben an so einem Ort weiter und bestimmen noch Jahre später das Leben der Leute.

Ein Gerücht lautete, vor vielen vielen Jahren hätten einmal alle Mädchen von den Chanukka-Krapfen eine Magenvergiftung bekommen. Ein anderes besagte, dass ein Mädchen, das aber auch schon nicht mehr dort war, an dem nicht durchgebackenen Teig eines Krapfens fast erstickt wäre.

Aber es gab noch haarsträubendere Geschichten, zum Beispiel über Drogenschmuggel in Chanukka-Krapfen, unter den Augen der Erzieher. Das musste schon vor langer Zeit gewesen sein, als sie im Heim noch ältere Mädchen unterbrachten, aber es verdarb uns damals noch das Fest. Auch wurde erzählt, dass sich einmal ein Mädchen mit einem dieser Krapfen in der Toilette einschloss, und nachdem man draußen lange geklopft, auf sie eingeredet und schließlich die Tür aufgebrochen hatte, war niemand in der Toilette. Man habe dieses Mädchen einige Tage später in Eilat an Bord eines Ausflugsbootes gehen sehen und seitdem keine Spur mehr von ihr.

»Die spannenden und aufregenden Dinge sind alle vor unserer Zeit passiert«, seufzte Becki und schälte gelangweit an einer riesigen Kartoffel. »Uns sind nur die normalen, stumpfsinnigen Sachen geblieben.« Als Elischewa die ›Rückkehr der Krapfen‹ ankündigte, wussten weder Becki noch ich, dass damit auch die aufregenden Zeiten in unser Leben zurückkehren würden.

»Wie sollen die Krapfen denn zu uns kommen?«, fragte Liat, die an allem zweifelte. »Gestern, als sie den monatlichen Großeinkauf ausgepackt haben, habe ich nicht mal einen einzigen Krapfen gesehen.«

Auch dazu hatte Elischewa eine brandneue Information. »Mit dem Eiswagen«, sagte sie lachend. »Der Eisverkäufer fährt jetzt, in den Chanukkaferien, auch Krapfen aus.«

Und während sie noch sprach, erklingt hinter dem Fenster die beflügelnde Akkordeonmelodie, die so ganz anders ist als gewöhnliche Eiswagenmusik. Becki zuckt zusammen, als sei ein Pfeil durchs Fenster geflogen und habe sie mitten ins Herz getroffen. Wir alle sitzen da und schälen Kartoffeln. Nur Becki springt auf, geht zum Fenster, drückt sich einen Moment die Nase an der Scheibe platt, setzt sich wieder hin, springt wieder auf und läuft hin und her. Ich möchte gern fragen, was diese Musik bedeutet, traue mich aber nicht, weil auch Schosch und Tirza die ganze Zeit zwischen uns herumlaufen. Als sie endlich mal weg sind, beugt sich Becki über mich und flüstert, ganz rot im Gesicht:

»Das ist die Musik, die mein Zigeunervater auf dem Akkordeon für mich gespielt hat.«

»Bist du sicher?«, frage ich.

Ich schaue Becki an. Sie ähnelt jetzt überhaupt nicht dem Mädchen, das manchmal von seinem Fischervater erzählt und dann wieder von dem, der Sultan ist, und von dem Trapezkünstler im ungarischen Zirkus.

Ihre Wangen sind gerötet, vielleicht ja nur vom Dampf aus den großen Töpfen. Aber auch ihre Augen leuchten und erinnern mich einen Moment an die Flammen der kleinen Feuerstellen, wo sich die Zigeuner in den kalten Nächten wärmen.

Die Musik kommt immer näher. Jemand hat die Eingangstür aufgemacht, denn plötzlich braust ein wilder Wind in die Küche und der Eisverkäufer kommt mit einem großen flachen Pappkarton herein, über dem eine Plastikfolie liegt. Darunter liegen die Krapfen.

Wir starren alle sehnsüchtig auf die Krapfen, nur Becki sieht unverwandt den Eisverkäufer an. Liat leckt sich die Lippen, die Zwillinge hüpfen kichernd durch die Küche. Elischewa ist kurz davor ohnmächtig zu werden von diesem Duft, und plötzlich beißt sich Becki auf die Lippen und stößt einen spitzen Schrei aus.

Das Schälmesser ist ihr in den Finger gefahren, und ihre Hand ist gleich ganz blutig. Sofort rennen alle kopflos durch die Küche. Schosch, die Heimleiterin, bringt Becki schnell zum Wasserhahn und spült ihr die

Hand ab. Tirza holt aus dem Büro den Erste-Hilfe-Kasten. Alle rennen aufgeregt um Becki herum, doch als habe sich plötzlich von weit her eine ferne Ruhe auf sie gelegt, steht sie nur da und betrachtet das ganze Durcheinander wie in einem Traum.

»Ein tiefer Schnitt«, stellt Schosch fest, nachdem Tirza die Wunde desinfiziert hat, und jagt zum Telefon, um ein Taxi zu bestellen – zur Unfallstation. Becki blutet indessen weiter. Liat hält sich die Augen zu. Sie wird sicher gleich ohnmächtig. Vielleicht fürchtet sie sich vor dem Gift, das mit dem Blut aus dem Körper kommt.

»Großer Gott!«, schreit Schosch ins Telefon. »Warum habt ihr immer, wenn man euch braucht, keinen Wagen frei?!«

Becki haben sie auf einen Stuhl gesetzt, und Tirza hält ihr die Hand hoch, damit sie weniger Blut verliert, und ausgerechnet Becki ist der ruhigste Mensch in der ganzen Küche.

»Ich fahr mit dem Zigeuner«, murmelt sie leise in den Raum.

»Was für ein Zigeuner?« Schosch erschrickt und schaut Becki an, als sei sie krank.

»Verlierst du jetzt auch noch den Verstand? Becki Wasana!«

»Ich fahr mit ihm«, sagt Becki und zeigt auf den Eisverkäufer.

Nun schauen alle auf den Eisverkäufer. Ein schmaler junger Mann, nicht groß, mit einem dünnen Bart und einer Schirmmütze der Eisfirma auf dem Kopf, mit der er ein bisschen wie ein Junge aussieht.

»In Ordnung«, sagt er, ohne zweimal nachzudenken, geht zu Becki und begleitet sie zusammen mit Tirza vorsichtig die Treppe hinunter, und bevor Schosch auch nur ein Wort sagen kann, gehen die drei schon zum Eiswagen.

In diesem Moment hörte der Wind auf zu heulen. Der Himmel klarte schnell wieder auf und verbreitete ein warmes Abendlicht.

Nach einigen Stunden kam Becki in bester Laune aus dem Krankenhaus zurück, als hätte sie gerade einen unserer wunderbaren Plätze auf der Welt besucht, an denen wir eines schönen Tages mal vorbeischauen wollten.

Den großen Verband um ihren Finger beachtete sie gar nicht und erzählte uns noch nicht einmal genau, wie man den Schnitt genäht hatte. Uns Mädchen wurde fast schlecht bei der Vorstellung, dass einem Nadel und Faden durch das lebende Fleisch gezogen werden.

»Unsinn«, sagte Becki und tat das ganze Theater um das Nähen mit einer Handbewegung ab, »sie betäuben dir die Stelle, und dann sitzt du da und schaust zu, als sei es im Fernsehen eine Folge der Serie ›Notaufnahme‹.« Sie schüttelte ihre Locken wie ein nasser Hund und lachte zu Liat hinüber, deren Gift sicher vor lauter Angst noch schneller in den Adern pumpte.

Ich saß neben Becki, als sie das für sie zurückgestellte Abendessen aß, schaute ihr zu, wie sie mit weit aufgesperrtem Mund in den Krapfen biss, tief bis zur Marmelade, sodass sie ihre Nasenspitze mit weißem Zucker bepuderte. Viel konnten wir aber nicht reden, denn Schosch schwirrte immer um uns herum. Sie konnte sich nicht beruhigen.

Ungeduldig wartete ich aufs Lichterlöschen, ich wollte wissen, was unterwegs passiert war, als Becki mit dem Eisverkäufer zur Unfallstation gefahren war, doch da tauchte Schosch schon wieder auf und setzte sich zu Becki aufs Bett.

Wir hatten uns noch nicht entschieden, was schlimmer war. Wenn sie dich vor allen anschrie oder die leisen Gespräche unter vier Augen. Das Geschrei selbst dauerte meist gar nicht so lange, aber dann kamen die Sprichwörter und die endlosen Strafpredigten. Andererseits konntest du nach so einem leisen Gespräch vor dem Schlafengehen manchmal die ganze Nacht nicht mehr einschlafen und musstest dich bis zum Morgen schlaflos von einer Seite auf die andere wälzen.

Ich zog mir die Decke über den Kopf und drehte ihnen den Rücken zu. Natürlich hörte ich trotzdem jedes Wort. Obwohl Schosch flüsterte, konnte ich nicht anders als ihre Warnungen mithören. Danach kamen die schwärzesten Prophezeiungen und dann die große Hoffnung, dass Becki jetzt nicht anfange, ›unfällig‹ zu werden, wie man das hier nannte, denn sie hatte sich schon einmal ein Loch im Kopf geholt, als sie von der Schaukel einen Salto in den Sandkasten machte. Ein andermal war sie barfuß im Hof von einer Schlange gebissen worden. Von der Sache mit der Schlange wusste sogar ich, obwohl das vor meiner Zeit passiert war. Es hieß, dass erst nach diesem Unfall von Becki an der Tür nach draußen das Schild angebracht wurde: »Gehst du barfuß hinaus, bleibst du zwei Wochen im Haus.«

Nachdem Schosch mit ihren Warnungen, Prophezeihungen und Hoffnungen endlich fertig war, blieb sie noch ein paar Minuten auf Beckis Bett sitzen. Ihre dunkle Gestalt in dem blassen, vom Flur hineinscheinenden Neonlicht sah für mich aus wie die einer Hexe im Hexenmantel auf dem Bett ihres erschöpften Opfers. Als sie dann endlich das Zimmer verließ, sagte sie noch »Gute Nacht«, doch niemand antwortete ihr. Weder Becki, die nach diesem ›Gespräch‹ völlig geschafft war, noch die anderen Mädchen, die sich alle schlafend gestellt hatten. Auch ich schwieg, ich konnte es nicht mehr erwarten, was Becki von dem Eisverkäufer erzählen würde.

Sobald Schosch draußen war, sprang ich unter meiner Decke hervor, doch Becki machte mir ein Zeichen, dass die andern noch nicht schliefen, und begann mit ihren nächtlichen Liegestützen.

»Vielleicht kannst du heute Abend auf deine Gymnastik verzichten, Becki?«, schlug ich ihr vor.

»Du solltest lieber selbst mit dem Training anfangen«, sagte Becki ernst, »du kannst nicht wissen, aus was für einem Verlies du eines Tages noch ausbrechen musst.« Doch das erschien mir jetzt so unwahrscheinlich wie noch nie.

»Wenn die Chirbe wirklich die Hölle auf Erden ist, dann bewachen sie dich da sicher gut und lassen dich keinen Moment aus den Augen«, sagte ich. Die Chirbe interessierte mich jetzt überhaupt nicht. Ich hatte einfach keine Geduld mehr, zu warten, bis Becki fertig war. Sie lag ruhig auf dem Rücken und spannte abwechselnd die Muskeln in einem Bein oder einem Arm an, als hätte sie keinen Verband am Finger. Erst als alle Mädchen regelmäßig ruhig atmeten und Liat zu schnarchen begann, erst da wandte sich Becki zu mir und lächelte geheimnisvoll.

»Hast du mit ihm gesprochen?«, flüsterte ich.

»Wie denn?«, sagte Becki. »Tirza ist doch wie Fußpilz. Sie hat uns keinen Moment allein gelassen.« Nach kurzem Überlegen fügte sie hinzu: »Außerdem ist er sehr schweigsam. Wie alle Zigeuner.«

Ich hatte hundert Fragen im Kopf, zu der Musik aus dem Eiswagen, ob er Beckis Zigeunervater kannte, ob er mit ihm zusammen herumgezogen war und nachts heimlich die Grenzen von einem Land ins nächste überquert habe, so wie sie und ich die Straße überqueren, ob auch er sein verlorenes Land suche, und wie es komme, dass sie, Becki, gar nicht so schweigsam war wie die Zigeuner, wo sie doch als kleines Kind mit ihnen gelebt hatte. Aber Becki kam und setzte sich zu mir aufs Bett, und in ihren Augen leuchtete ein besonderes Licht.

»Er hat mir von seinem Blut gespendet«, sagte sie und strahlte glücklich. »Sie mussten mir Blut geben, weil ich so viel verloren hatte, und da hat er sich gemeldet.« Becki lächelte und legte sich neben mich. Ihr Kopf lag auf meinem Kissen, ihre Augen gingen an der Decke spazieren wie am Himmelszelt.

»Tirza sagt, er habe der Blutbank gespendet, und mir hätten sie ganz anderes Blut gegeben. Aber ich kann doch unterscheiden, ob sie mir einfach so Blut geben oder Zigeunerblut.«

»Woran merkst du das?«, fragte ich naiv.

»Ganz einfach«, erklärte Becki. »Zigeunerblut fließt siebenmal so schnell.« Sie lächelte im Dunkeln und sagte: »Das war schon das zweite Zeichen.«

»Was war das erste?«, fragte ich.

»Die Musik«, sagte Becki, als sei es die selbstverständlichste Sache der Welt.

Von dem Tag in der Klinik hat sie danach nicht mehr gesprochen. Ich habe nie erfahren, ob sie in all den Stunden in der Klinik mit dem Zigeuner ein Wort reden konnte, auch wenn Tirza, der Fußpilz, sie keinen Moment mal allein ließ. Genauso wenig weiß ich, ob Becki ihm erzählt hat, dass sie früher mit Zigeunern gelebt hat und denen verloren gegangen ist und eines Tages allein, verlassen und barfuß im Maisfeld unter der brennenden roten Sonne saß.

Wer Becki Wasana nicht kannte, bemerkte am nächsten Morgen und in den folgenden Tagen vielleicht nichts Außergewöhnliches an ihr. Nur ich sah von Anfang an den neuen Funken in ihren Augen, seit ihrer ersten Begegnung mit dem Zigeuner auf dem Markt. Nur ich verstand, warum Becki die ganze Nacht auf der Fensterbank gesessen hatte und mit klarer Stimme ein Zigeunerlied in die dunkle Nacht summte. Das sehnsüchtige Lied eines einsamen Mädchens, das dem Regen und dem Wind ein Lied sang, und im Hintergrund, auf den Feldern, hörte ich die Klänge des Akkordeons.

Auch als Becki endlich schlief, hatte ich das Gefühl, dass sie nicht mehr allein war, wenn sie auf ihrem Mustang über die stillen schwarzen Hügel ritt. Im Morgengrauen, mit dem ersten Licht, das durch die Fenster drang, hörte ich sie einige Worte murmeln. Ich glaube, es war in Zigeunersprache. So eine Mischung aus der Sprache, in der sie die Opern singen, mit etwas Ähnlichem wie dem Russisch der Neueinwanderer.

10

Etwas war mit Becki Wasana geschehen, nach ihrer Begegnung mit dem Eisverkäufer auf dem Markt. Es wurde seit dem ersten verregneten Tag des Chanukka-Festes immer stärker. Doch ich durfte mit niemandem darüber reden.

Becki schlief weiterhin jeden Abend im Bett neben mir, stand mit allen morgens auf, frühstückte und ging mit uns in die Schule, die nur drei Straßen vom Heim entfernt war. Mittags kam sie mit uns zurück, nahm an verschiedenen Kursen teil, machte Hausaufgaben, schaute fern, deckte, wenn sie an der Reihe war, den Tisch zum Abendessen, aß, duschte und ging schlafen. Aber sie war nicht wirklich mit dabei.

Es war, als konzentriere sie sich auf etwas, das nicht im Zimmer war. Als lausche sie einem Klang in der Ferne, den wir nicht hören konnten, als warte sie. Und eines Tages passierte es. Plötzlich wieder diese Klänge. Diesmal mitten in der Malstunde.

Es war noch Winter. Tirza hatte zu Beginn der Stunde alle Fenster geschlossen. Sie brachte große Bogen Papier mit, die wir in die Größe von Zeichenblockpapier zerschnitten. Doch Becki nahm sich einen ganzen Bogen und hängte ihn an die Wand.

»Warum denn so einen großen Bogen?«, schimpfte Tirza. »Kannst du nicht auf ein normales Blatt malen wie alle andern auch?«

»Ich würde ja auf ein normales Blatt malen. Aber ich will meinem Mustang nicht den Schwanz oder die Beine abschneiden oder seine Mähne wegrasieren. Es wäre doch schade, wenn nicht alle schwarzen Hügel auf das Bild passten. Oder ein Stück Himmel fehlte, sodass man nicht sieht, dass es eine mondlose Nacht ist.«

Sogar Tirza, die sonst immer eine Antwort parat hatte, schaute Becki nun mit großen Augen an und verstummte. Vielleicht spürte sie, dass sich bei Becki Wasana etwas veränderte und dass jetzt nicht die Zeit für die üblichen endlosen Diskussionen war.

In den Besprechungen der Erzieher hieß es in diesen Tagen, wie Elischewa, der Wurm, uns berichtete, dass bei Becki wohl ›die Pubertät‹ beginne. Man solle sie erst mal beobachten, abwarten und sie machen lassen. Sie sagten auch, Beckis Abenteuereien hätten sich in letzter Zeit etwas beruhigt und dass sie jetzt mehr gehorche.

Ich erinnere mich nicht mehr, welchen Teil ihres Mustangs Becki in der Malstunde schon gemalt hatte, bevor die Klänge des Eiswagens ertönten. Die Musik drang aus einer der Nebenstraßen ins Zimmer, doch wegen der geschlossenen Fenster merkte keiner etwas.

Außer Becki. Auf sie wirkte die Musik wie ein Zauber. Sie hielt den Pinsel noch in der Hand und ging langsam auf den Balkon hinaus, als ziehe sie jemand von draußen an einem Zauberband.

Tirza rief immer wieder, immer eindringlicher ihren Namen, doch Becki hörte nicht. Sie stand einfach nur da, und ihr Blick schweifte in die Ferne. Es war derselbe Blick, den ich aus den Nächten kannte, in denen Becki von den Zigeunern erzählte. Nun rief Tirza sie bei ihrem vollen Namen: »Becki Wasana!« Doch ich wusste, wenn Becki der vergessenen Musik von ihrem Zigeunervater lauschte, hörte sie nichts anderes.

Nur jemand, der schon viele Jahre keinen festen Vater mehr hatte, konnte verstehen, was in diesen Tagen in Becki vorging. Ich, die ich, seit ich ein Baby war, meinen echten Vater nicht mehr gesehen habe, verstand sie. Auch ich konnte von meinem Vater nur träumen, in dem weißen Haus mit dem Wetterhahn, wie er die Pfauen auf dem Flur fütterte und ab und zu zum Tor schaute und darauf wartete, dass seine verlorene Tochter endlich zurückkehrte.

In den folgenden Wochen war Becki zwar bei uns, doch im Grunde war sie ganz weit weg. Und nicht nur das. Sie verschwand auch ab und zu. Plötzlich war sie beim Duschen nicht mehr aufzufinden. Wir begannen sie zu suchen, zu rufen, und nach einer Weile tauchte sie aus irgendeinem Zimmer wieder auf und konnte nicht erklären, was sie da gemacht hatte.

Dann fehlte sie in manchen Stunden in der Schule. Machte sich für eine Stunde aus dem Staub und kam schließlich außer Atem zurück, setzte sich neben mich und versank in ihre Träume. Sie war zwar da, blieb in Wirklichkeit aber an dem Ort, von dem sie gerade kam. Und wenn sie etwas gefragt wurde, starrte sie die Lehrerin an, als wäre sie von einem anderen Stern und verstünde die Sprache nicht.

In diesen Tagen dachte ich manchmal, ich müsse mit ihr reden und sie warnen, aber ich wusste nicht wie. Becki benahm sich, als ließe sie kalt, was man in ihre Akte schrieb. Als störe es sie auch nicht mehr, dorthin zu kommen, wo die Hölle auf Erden war.

Auf dem Heimweg von der Schule lief sie in Gedanken versunken neben mir her. Sie sagte kein Wort darüber, wohin sie sich plötzlich für eine Stunde verdrückt hatte. Nachmittags, wenn wir Hausaufgaben machten, saß sie auf der Fensterbank, mit dem Rücken zum Zimmer, und schaute wie verzaubert in die Ferne hinaus.

Ich suchte eine Gelegenheit, mit ihr zu reden, aber wie sollte ich anfangen? Unsere nächtlichen Gespräche im Bett nach dem Lichterlöschen waren längst vorbei. Wir flüsterten und kicherten nicht mehr miteinander, tauschten keine Erlebnisse mehr aus und planten auch nicht länger, was wir tun würden, wenn wir groß wären. Becki hörte sogar mit ihrer Abendgymnastik auf und verschwendete keinen müden Gedanken mehr auf das furchtbare Verlies, aus dem wir vielleicht eines Tages einmal ausbrechen müssten.

11

Wäre das alles im Sommer passiert, hätte Becki Wasana wahrscheinlich keinen Ärger mit Schosch bekommen und wäre wohl auch nicht auf die fürchterliche Warteliste für die Chirbe gesetzt worden.

Wenn das alles im Sommer passiert wäre, wäre der Eiswagen eben zufällig jeden Tag am Heim vorbeigefahren. Becki hätte ihren Zigeuner sehen können, ohne sich in Gefahr zu bringen, ohne Schuleschwänzen und ohne ihn in der ganzen Stadt suchen zu müssen.

Am Anfang konnte ich sie noch decken. Jedes Mal, wenn die Lehrer nach ihr fragten, erfand ich eine andere Ausrede. Becki habe sich nicht gut gefühlt, oder sie sei gerade im Heim mit dem Großputz an der Reihe und deshalb früher aus der Klasse gegangen. Aber wie viele Großputze konnte man in einer Woche unterbringen?

Ich erinnere mich an die Entschuldigungen, die Alma Dunski immer mitbrachte, wenn sie morgens zu spät zur Schule kam. Das passierte ungefähr zwei- bis dreimal in der Woche. Alma machte die Tür des Klassenzimmers auf, und die Lehrerin Aviva hob den Blick und wartete auf eine Erklärung. Dann zog Alma einen weißen Umschlag mit einem Zettel, den sie immer fertig dabei hatte, aus der Tasche. Da stand »Meine Tochter fühlt sich heute früh nicht wohl und wird deshalb zu spät zur Schule kommen« oder »Meine Tochter wird heute aus Gründen, für die sie nicht verantwortlich ist, zu spät zum Unterricht erscheinen.«

Die Lehrerin Aviva schaute sich einen Moment die Zettel an, und ich war mir sicher, ein heimliches Lächeln auf ihren Lippen zu erkennen. Ich weiß nicht, ob es wegen der schönen Schrift, dem weißen Umschlag oder der höflichen Formulierung war. Jedenfalls akzeptierte sie die Entschuldigungen jedes Mal und sagte zu Alma in einem Ton, als hätte sie sich gerade eine Auszeichnung verdient oder eine gute Tat getan, wegen der man sie einfach anlächeln musste: »Nun geh an deinen Platz.«

Ich wüsste gern, ob Almas Filmstarkarriere, ihr glattes Haar und die Nachsichtigkeit der Lehrer irgendwie zusammenhingen oder ob das alles bloßer Zufall war. Becki jedenfalls bekam schon bald die ersten Vermerke im Klassenbuch wegen Fernbleibens vom Unterricht. Sie wurde zum Schulleiter gerufen, einige Male verwarnt, und das alles ging natürlich an die Heimleitung weiter. So verkündete uns Elischewa, der Wurm, eines Morgens in feierlichem Ton: »Guten Morgen, Leute. Ich habe eine brandneue Information für euch: Becki Wasana steht auf die Warteliste für die Chirbe.«

»Mein Gott, Becki! Jetzt bist du verloren!«, entfuhr es Liat, und Elischewa verkündete: »Diesmal ist es ernst!«, um noch einmal daran zu erinnern, dass sie uns diese Information beschafft hatte.

Chagit und Ronit begannen laut zu streiten, ob man nach einer gewissen Zeit wegen guter Führung von der Liste wieder gestrichen werden konnte, oder ob man erst mit Schosch einen Vertrag machen musste, in dem man allerlei unmögliche Dinge versprach, bevor man auf Bewährung von der Liste gestrichen wurde. Sie keiften und zwickten sich, bis sie plötzlich in lautes Gelächter ausbrachen und nicht mehr zu beruhigen waren.

Denn so sehr sich die Mädchen auch in Beckis furchtbare Lage hineinversetzten, so sorgte sie doch auch ganz unerwartet für eine spannende Abwechslung. Nicht jeden Tag in diesem langweiligen Heimleben passierten aufregende Sachen.

Doch für Becki Wasana gab es Wichtigeres als Wartelisten, und am Mittwoch derselben Woche – das war der Tag, an dem Schosch zu ihrem Fortbildungskurs fuhr – sagte Becki mir gleich nach dem Abendessen im Duschraum, wir würden noch am selben Abend den Zigeuner in seinem Eiswagen besuchen gehen.

»Deine Schuhe kannst du gleich hier stehen lassen«, sagte Becki.

Wir standen am Fenster des Duschraums und schauten hinaus auf das kleine, etwas abschüssige Vordach darunter. Unter uns nannten wir es das ›Dach der Einsiedler‹, denn es war der einzige Ort im Heim, wo du mal ganz mit dir allein und in Ruhe sein konntest, ohne dass gleich jemand kam. Und auch das nur, solange Schosch nicht an einem der Fenster erschien und dich ins Büro rief.

Ich sagte zu Becki, mir sei nicht klar, wie man auf einem so steilen Ziegeldach sitzen und in sich gehen, nachdenken oder gar träumen kann, wenn man dauernd in Gefahr schwebt, aus zwei Stockwerken Höhe in den Hof hinunterzurutschen. Doch sie winkte ab und sagte, man könne sich im schlimmsten Fall immer noch auf dem Weg nach unten an der Regenrinne festhalten und käme dann ›mit ein paar Schrammen‹ davon.

»Und warum lassen wir die Schuhe hier?« Ich zögerte etwas. Am Himmel zogen große schwarze Wolken auf.

»Barfuß rutscht es sich besser an der Regenrinne runter«, sagte Becki ohne mit der Wimper zu zucken.

Noch bevor ich mir überlegen konnte, welche Folgen das haben würde, schlängelt sich Becki aus dem kleinen Fenster und geht auf das Vordach. Sie reicht mir die Hand. Jetzt habe ich keine Wahl mehr und klettere hinterher. Wir stehen auf dem abschüssigen Dach. Vor uns leuchten die ersten Lichter der Autowerkstätten in der Dämmerung.

Ich halte mich am Fensterrahmen fest und sehe, wie Becki zielstrebig zur Regenrinne geht. Ich will ihr zurufen, sie soll warten, doch schon umarmt sie die Regenrinne, rutscht im nächsten Augenblick hinunter und flüstert mir noch zu: »Zwei Schritte, und du bist auf der Straße!«

Leicht gesagt. Ich schaffe es gerade mal, stehend das Gleichgewicht zu halten. Wie soll ich da noch zwei Schritte machen? Ich muss an Schosch denken. Was würde sie sagen, wenn sie uns so sähe? Nicht nur, dass wir ohne Bescheid zu sagen weggehen und auf einem so gefährlichen Weg. Sondern auch noch barfuß, mitten im Winter?

Ich erinnere mich nicht, wie ich es bis zur Regenrinne geschafft habe, weiß nur noch, dass ich sie einen Moment umarmte und dann runterrutschte. Ich klammere mich wie an einen Rettungsring, versuche zu bremsen, und sage mir: Wenn ich da unten heil ankomme, muss ich mit Becki sprechen und sie überreden, das alles auf einen anderen Tag zu verschieben.

»Gleich wird es dunkel, Becki«, sage ich in dem Moment, als ich festen Boden unter den Füßen habe.

»Ich will Kami nur Gute Nacht sagen«, sagt Becki, »und du musst ihn auch kennen lernen.«

»Wer ist denn Kami?«, frage ich verwirrt.

»Der Zigeuner«, antwortet sie und versichert mir, als sie die Zweifel in meinem Gesicht sieht: »Bis zum Lichterlöschen sind wir längst zurück. Du wirst sehen.«

»Was wird Schosch sagen?«, will ich einwenden, doch Becki rennt schon los. Ich laufe wortlos hinter ihr her, denn wenn Becki etwas machen muss, dann muss sie es machen, und keine Schosch auf der Welt könnte sie davon abhalten. Und ich kann sie doch auch nicht allein gehen lassen, barfuß, zwischen den Autowerkstätten, wo es schon dunkel wird.

Wir laufen die Straße mit den Werkstätten entlang. Einige sind schon geschlossen und dunkel. Ich hoffe, dass es bald wieder mehr Licht gibt, doch auch bei den Gewächshäusern brennen keine Straßenlampen. Die Erde ist zwar feucht, aber zum Glück gibt es keine Pfützen. Es hat in den letzten Tagen nicht geregnet. So ist die rote Chamra-Erde weich wie Samt. Aus den Gewächshäusern kommt ein feiner Nelkenduft.

Ein Hund jault von den Plantagen her, vielleicht ist es auch ein Schakal. Doch zusammen mit Becki spürst du die Angst nicht so. Die ganze Welt wird zu einem großen Spielplatz, der uns gehört. Noch ist es nicht ganz dunkel. Die Wolken haben sich zerstreut, und das dunkle Blau wird vom letzten Schein der Sonne erhellt, die schon hinter den Hügeln untergegangen ist.

Neben dem mitten auf einer Wiese geparkten Eiswagen steht Kami, der Zigeuner, und brät eine Wurst über einem kleinen Feuer.

»Ihr kommt gerade richtig zum Abendessen«, sagt er, als habe er uns erwartet, und holt zwei Schemel aus dem Wagen. Becki sagt nicht, dass wir schon gegessen haben, und so halte auch ich den Mund. Bei dem Geruch der Bratwurst vergesse ich im Nu und ganz problemlos die Oliven, Tomaten und den langweiligen Quark, die es bei uns abends gab.

»Das ist Talila«, sagt Becki, »meine beste Freundin.«

Kami schaut mich an. Ich versuche mir vorzustellen, wie ich als Talila aussehe. Er steckt die Wurst in ein kleines Fladenbrot, das er auch am Feuer gewärmt hat, und streckt sie mir hin. Ich nehme das warme Brot, und der etwas angebrannte Geruch der Wurst mischt sich mit dem von verkohltem Holz.

Wenn wir im Heim mal Würstchen braten, dann achten sie immer darauf, dass die Würstchen nicht verbrennen. So ein Unsinn, denke ich mir und beiße in das Fladenbrot. Kamis Wurst riecht jedenfalls nicht so unangenehm nach Plastik wie die Würstchen von Tirza, so viel ist sicher. Kami brät auch für Becki und für sich eine Wurst. Dann legt er ein paar Steine um das Feuer, um einen Kessel für Tee daraufzustellen.

Becki erzählt von einem besonderen Eis, das Kami aus Sabre-Kaktusfeigen zubereitet, aber es ist nichts mehr übrig, und man muss bis zum Sommer warten. Sie beschreibt mir die gefrorenen Kernchen und ihren Geschmack auf der Zunge, und ich denke mir, dass sie Kami im Sommer doch noch gar nicht kannte und auch sein wunderbares Sabre-Eis noch nicht hat essen können. Kami lacht, als könne man sich ja trotzdem so ein Eis vorstellen, auch ohne es probiert zu haben, und sagt, er werde vielleicht nächste Woche sein Wintereis machen, mit Orangen- und Zitronenschalen.

Ich höre zu, wie sich die beiden unterhalten, esse noch eine verbrannte Wurst und trinke aus einem verbeulten Blechbecher Tee. Der schmeckt süß und sauer, herrlicher als alles, was ich je getrunken habe – mit viel Zucker und Unmengen Zitrone.

Heute kann ich es kaum glauben, dass wir tatsächlich mitten im Winter zusammen auf dem Feld gesessen und Tee getrunken haben. Kami schenkte uns immer wieder nach. Die Nacht umhüllte ihn allmählich mit einer Stille, die von keinem Geräusch mehr gestört wurde. Ich weiß nicht warum, aber der Himmel war auf einmal so feierlich, als wollte er sagen: Das ist der letzte Moment vor dem völligen Dunkel.

Heute frage ich mich auch, ob es da so schön war, weil man uns auf dem Feld endlich mal in Ruhe ließ, ohne uns dauernd mit Verboten und Anweisungen zu stören. Du konntest an dem flackernden Feuer einfach zur Ruhe kommen wie Zigeuner, bevor sie auf gestickten Teppichen einschlafen. Nur etwas ganz Kleines störte mich und grummelte irgendwo verborgen in meinem Magen, etwas erinnerte mich immer wieder an die Strafe, die uns erwartete, wenn wir nicht vor dem Lichterlöschen zurück im Heim waren.

Plötzlich, sah ich, wurde auch Kami ein bisschen nervös. Ein kleiner Lieferwagen hielt in der Nähe. Kami machte das Feuer aus und sagte uns leise: »Das ist mein Boss, Arik.« Mehr sagte er nicht. Becki stand auf, und ich tat es ihr gleich. Wir sagten Kami Gute Nacht, und er murmelte nur kurz etwas, denn Arik war schon fast bei uns. Nachdem wir ein paar Schritte gegangen waren, hörte ich Arik zu Kami sagen: »Kamal, komm. Ich schließ dich ein. Ich hab es heute eilig.«

Ich schaute Becki an, denn ich verstand nicht, was er damit meinte, doch Becki wollte wohl nicht darüber reden und ging schweigend schnell voran. Als wir beim Heim ankamen, drehten wir noch eine Runde. Wir wollten noch nicht hineingehen, als wüssten wir schon, was uns da erwartete.

12

Wie hätten wir ahnen sollen, dass Tirza gerade an diesem Mittwochabend Schosch bei der Fortbildung anrief und dringend ins Heim zurückholte. Woher sollten wir wissen, dass Sigalit Marsel ausgerechnet an diesem Abend von ihren Adoptiveltern wieder ins Heim gebracht würde? Wenn sie auch keine besonderen Chancen bei dieser Familie hatte – hätte sie es dort nicht noch eine elende Nacht länger ausgehalten?

Und jetzt stellt euch Schosch vor. Nach einem anstrengenden Tag mit Fortbildungskursen kommt erst Sigalit Marsel mit ihrem Koffer an, und kurz danach geht die Tür noch einmal auf, und wir, Becki und ich, stehen barfuß im Flur.

Natürlich sagten wir kein Sterbenswörtchen von dem Eiswagen oder von Kami, dem Zigeuner. »Wir waren nur kurz ein bisschen Luft schnappen«, erklärte Becki, und als Schosch entsetzt auf unsere nackten Füße deutete, sagte Becki im selben Atemzug: »Wir mussten unsere Füße etwas auslüften.«

Kraft zum Schimpfen hatte Schosch nach so einem Tag schon nicht mehr. Nachdem sie eine Stunde lang mit Sigalit im Büro alles regelte, erwartete uns nur eine Moralpredigt mit Denksprüchen. Wer unsere Heimleiterin nicht kennt, könnte meinen, das sei harmlos. Doch das Beleidigende an ihren Moralpredigten ist, dass du plötzlich nicht mehr Becki oder Talia bist, sondern einfach ›eine Schwierige‹, namenlos und ohne Zukunft.

Bei zwei Schwierigen machte Schosch sich nicht einmal mehr die Mühe, noch zu schreien. In dem Moment, da sie uns mit trockener, leiser Stimme ansprach, als wären wir zwei Kriminelle, sehnten wir uns fast nach ihrem Gezeter.

Erst mal verurteilte sie uns zu einer weiteren Dusche, wegen des Lehms an unseren Füßen. Das wäre nicht schlimm gewesen, aber sie saß im Duschraum auf der Bank mit dabei und ließ ganze Gewehrsalven von Bemerkungen los.

»Den Hals einseifen. Wie viele Monate hast du dich da nicht gewaschen? Die Füße kräftig schrubben, die Zehen nicht vergessen, auch zwischen den Zehen! Und was ist mit oben? Die Beine gehen über den Knien noch etwas weiter, wenn's euch nichts ausmacht.«

Wie zwei Verurteilte standen wir da und schrubbten uns vor Schosch. Sie wandte ihre Adleraugen keinen Moment von uns. Erst als wir schon ganz erschöpft waren, durften wir uns schweigend abtrocknen und die Schlafanzüge anziehen. Aber die Strafpredigt ging immer noch weiter:

»Glaubt doch nicht, es tut mir nicht weh, euch so zu sehen«, klagte Schosch, »und das, nachdem wir doch gerade die Geschichte mit dem Schuleschwänzen und allerlei kleinen Lügen in diesem Zusammenhang hinter uns gebracht haben.«

Das Kapitel über die Schmerzen, die wir Schosch bereiten, dauerte bis nach dem Zähneputzen. Dann legten wir uns in die Betten. Die Mädchen um uns herum unter den Decken hatten ein Auge zu und guckten mit dem andern, damit ihnen ja nichts entging. Sigalit Marsel war wohl am meisten gespannt. Fast amüsiert lag sie im Bett und schaute Schosch an, als habe sie ihr Geschimpfe bereits vergessen.

»Bei mir bedankt sich keiner für all das, was ich in euch investiere«, jammerte Schosch weiter. »Bitte schön. Vielleicht werdet ihr ja im Choreb-Heim das Vertrauen zu schätzen lernen, das wir euch hier entgegengebracht haben. Vielleicht bringt man euch da zur Vernunft. Besser spät als nie.«

Als Schosch mit den Sprichwörtern anfing, wussten wir, dass ihr langsam die Vorwürfe ausgingen. Sie sah selbst ein bisschen erleichtert aus. Ich hatte das Gefühl, nun hörten wir auf, ›Schwierige‹ zu sein, und wurden wieder Talia und Becki.

Jeder, der Schosch kannte, wusste, dass wir diesmal nicht in die Chirbe abgeschoben wurden. Ich kann nicht erklären, warum ich mir da so sicher war, aber während wir uns die ganze lange Moralpredigt anhörten, war uns beiden völlig klar, dass wir dieses Mal nicht flogen. Je länger ihre Predigt dauerte, desto klarer wurde es uns, ohne dass wir darüber redeten.

In Gedanken erwartete ich schon die schlimmste Strafe, die man hier kriegen kann, außer Abschiebung. Zwei Monate Hausarrest, zwei Jahre Küchendienst, Ausschluss für immer von den ›Zooausläufen‹.

Ich übertrieb mit Absicht, damit die Strafe von Schosch dann wie eine angenehme Überraschung kam. Und tatsächlich waren wir am Ende ganz erleichtert: nur eine Woche Hausarrest und zwei Wochen Küchendienst. Für uns ein Kinderspiel. Ich musste lächeln und biss mir auf die Lippen, um nicht loszulachen. Das fehlte gerade noch, dass ich am Ende dieser Strafpredigt und der Sprichwörter anfing zu lachen.

Nachdem Schosch endlich aus dem Zimmer war, begann Elischewa unter der Decke ihre gehamsterten Brotscheiben zu knabbern. Sigalit Marsel erzählte von der Adoptivfamilie. Es war alles ganz gut gelaufen, bis die Eltern mit ihr Kleider kaufen gingen und sie mit einem langen Rock und Kniestrümpfen zurückkam.

»Ist doch toll, dass sie dir neue Kleider kaufen«, sagte Chagit oder Ronit, und beide kicherten.

»Sehr schön, ja. Und wie soll der Fotograf mich bitte entdecken, wenn ich in Klamotten wie ein frommes Mädchen rumlaufe?«

»Der Fotograf wird dich eh nie auf der Straße entdecken«, tröstete Liat sie, »egal, ob du Kniestrümpfe anhast oder nicht.«

Doch Sigalit Marsel fiel nicht über sie her und ließ sich auch auf keinen endlosen Streit ein. Sie sagte nur lächelnd: »Wenn ihr wüsstet, wie sehr ich mich nach euch gesehnt habe. Sogar nach dem Gift von Liat.«

Elischewa, der Wurm, fragte mit vollem Mund: »Vielleicht hast du uns ein paar neue Informationen aus der großen weiten Welt mitgebracht?«

»Was soll ich euch erzählen«, sagte Sigalit, streckte sich und legte die Beine lässig auf ihr Nachtschränkchen. »Es ist gar nicht so schlimm, in einer Familie zu leben. Wenn die sich nur nicht so schrecklich anziehen würden, dann wäre ich vielleicht sogar dageblieben. Ja, die Kinder springen den ganzen Tag wie ›Ninja Turtles‹ rum, aber sie haben noch einen großen Bruder, der ist sechzehn und heißt Benni.«

»Hoppla!«, rief Liat begeistert. »Das Spannendste wolltest du wohl für dich behalten, was?«

Doch Sigalit weigerte sich standhaft, noch etwas zu diesem Thema zu sagen, obwohl wir alle versuchten, sie zu überreden, und sie sehr bedrängten. Erst als sie schon fast einschlief, hörten wir sie unter der Decke mit ihrer brüchigen Stimme singen: »My Benni is over the ocean ...«

Danach erzählte jede von uns, was die Pflegefamilie, in die sie gern adoptiert würde, haben sollte. Wir kamen auf die tollsten Dinge und in allen Kombinationen: einen Pudel, einen sprechenden Papagei, einen Computer, ein Zimmer voll mit Legosteinen, einen großen Bruder, einen Vater, der Schauspieler, und eine Mutter, die Sängerin ist, ein Klavier, ein Schlagzeug, eine Siamkatze, einen Swimmingpool und natürlich ein weißes Haus mit einem Wetterhahn auf dem Dach.

Alle redeten durcheinander und lachten. Nur Becki nicht. Sie hatte wieder mit ihren Liegestützen und Kopfständen begonnen. Da dachte ich mir plötzlich, dass für Becki Wasana im Familienleben ganz andere Dinge entscheidend waren, als was jede von uns sich wünschte.

Als alle eingeschlafen waren und auch Becki sich schließlich schnaufend hinlegte, sagte ich:

»Ich wusste nicht, dass er nachts in seinem Eiswagen schläft.«

Becki wartete einige Sekunden, weil Elischewa noch einmal angefangen hatte, wie eine Maus unter der Decke zu knabbern.

»Er kann nicht jeden Abend zu seiner Familie fahren«, flüsterte sie schließlich. »Das ist zu weit.«

»Aber warum schließt ihn sein Boss ein?« So einfach war meine Frage nicht beantwortet. In einem Auto eingeschlossen zu schlafen war vielleicht nicht so schlimm wie in dem Furcht erregenden Verlies von Becki, aber trotzdem.

»Weil es verboten ist«, sagte Becki nach längerem Überlegen. »Es ist verboten, und man darf ihn da nicht finden.«

»Warum?«, flüsterte ich.

Becki antwortete nicht. Vielleicht wusste sie es nicht und vielleicht war sie inzwischen auch eingeschlafen. Ich blieb noch eine Weile auf dem Rücken liegen, noch ein paar Minuten, versuchte nicht auf die Schatten zu schauen, die jedes draußen vorbeifahrende Auto auf die Zimmerwände warf, ich spürte im Bauch, dass ich mir insgeheim Sorgen machte, um Kami, der allein schlief und den man nicht finden durfte. Und ich sorgte mich um Becki, die einen Vater gefunden hatte, den sie kaum mal sehen konnte.

Danach versuchte ich mich zu beruhigen und erinnerte mich an den Geschmack des süßen und gleichzeitig sauren Tees. Ich überlegte mir, ob er genauso wundervoll schmecken würde, wenn man ihn nicht aus einem verbeulten Blechbecher trank. Und langsam kehrte auch der Geruch des Lagerfeuers in meine Erinnerung zurück. So schlief ich ein: mit dem Geruch von verkohltem Holz und dem feinen Duft der Nelkenblüten aus den Gewächshäusern in der Ferne.

13

Ich weiß nicht, ob Kami überhaupt wusste, dass er Becki Wasanas Zigeunervater war. Aber jeden Mittwochnachmittag, wenn Schosch zur Fortbildung fuhr, verschwand Becki, manchmal schon vor dem Abendessen, ging auf das freie Feld zwischen den Autowerkstätten und den Gewächshäusern und blieb dort bis zum Lichterlöschen.

Sie saß auf dem Fußbänkchen am Feuer, und Kami machte Abendessen und goss ihr süßsauren Tee in die verbeulte Blechtasse. Manchmal redeten sie über das Sabre-Eis mit den Kernchen, das Kami zubereitete, wenn im Sommer die Kaktusfeigen reif waren. Manchmal erzählte sie ihm von ihren früheren Vätern, und er erzählte ihr von seiner Familie. Viel haben sie nicht gesprochen. Kami war wie gesagt sehr schweigsam, und Becki, die sehr gern erzählte, meinte nicht, diese Ruhe stören zu müssen. Sie saß da und blickte ins Feuer, wo die Äste knackten, sie lauschte der Stille und wurde nach dem Lärm des Heims allmählich selber still, bis Arik kam, um Kami im Wagen einzuschließen.

Wenn sie dann abends zurückkam, versuchte sie, sich um das Duschen zu drücken, damit der Geruch des Lagerfeuers noch die Nacht über bei ihr blieb. »Ich liebe diesen Geruch«, flüsterte sie mir im Dunkeln zu, »das erinnert mich an Familie.«

Niemandem außer mir erzählte sie von Kami und dem Eiswagen. Die lehmigen Füße wusch sie sich sofort nach ihrer Rückkehr, um keine Spuren zu hinterlassen.

Warum sie niemand anderem von ihrem neuen Vater erzählte, weiß ich nicht. Vielleicht dachte sie, wenn jemand etwas von Kami erführe, würde die ganze Sache mit seiner Vaterschaft wie ein Zauber vergehen. Das war ihr Geheimnis, und sie konnte es mit niemandem teilen, außer mit mir. Überhaupt war Becki es gewohnt, Dinge heimlich zu tun, und so war es für sie ganz normal, auch ihren festen Vater geheim zu halten.

Vorsichtshalber sprachen wir aber drei Verhaltensregeln ab, falls doch einmal jemand ihre Ausflüge bemerkte und versuchen würde, das Geheimnis aus mir herauszubekommen.

Als erste Regel lehrte mich Becki: »Auch wenn sie dir drohen, dich in das Verlies zu sperren, um das Geheimnis aus dir herauszubekommen: Du sagst kein Wort. Sagst noch nicht einmal, wie du heißt. Kein ›Ja‹ und kein ›Nein‹.«

Die zweite Regel: »Du schaust durch den, der dich verhört, hindurch, als wäre er Luft, und stellst dir mit aller Kraft vor, dass du in einer mondlosen Nacht über schwarze Hügel ziehst.«

Die dritte Regel: »Wenn dir das gelingt und du in deiner Vorstellung dort auf den schwarzen Hügeln bist und die Nacht wirklich mondlos ist, dann konzentrierst du dich so sehr, bis die Hügel und der Himmel ineinander fließen und am Horizont kein Lichtpünktchen mehr zu sehen ist – auch kein Millionen Lichtjahre entfernter Stern. Und in dem Moment, wenn du in diesem schwärzesten Schwarz aufgehst, weißt du ganz sicher, dass du kein Sterbenswörtchen verraten wirst.«

Jeden Mittwoch, wenn Becki sich nachmittags davonschlich, lief ich besorgt im Heim herum. Was würde passieren, wenn Schosch plötzlich zurückkäme, wegen irgendwas Unvorhergesehenem? Oder wenn Tirza Becki für irgendeine Arbeit suchte? Was wäre, wenn Schimon, bei all seiner Zerstreutheit, trotzdem plötzlich merkte, dass er Becki schon lange nicht mehr gesehen hatte?

Manchmal ging ich aufs Dach und hielt Ausschau, ob sie schon irgendwo, auf dem Rückweg, wieder zu sehen war. Aber es wurde im Winter schon früh dunkel, und man konnte nicht sehr weit sehen.

Ich sah immer nur Jahli auf dem anderen Dach, da stand er und jaulte laut. Es klang wie eine weit entfernte, einsame Lokomotive. Er tat das, weil seine Eltern für ein Jahr ins Ausland gefahren waren und niemand ihn besuchen kam und mit ihm Eisenbahnen baute. Sogar Eltern wie die von Jahli, so fest und wundervoll sie auch waren, sogar solche Eltern verschwanden manchmal, dachte ich mir dann. In diesen Stunden kamen mir auf einmal meine schlimmsten und schwärzesten Gedanken.

Becki dagegen schien an diesen Tagen völlig unbesorgt. Sie wirkte richtig glücklich. Sie wachte morgens ganz früh, vor den anderen, auf. Es war noch fast dunkel, und die Tauben auf dem Dach gurrten nur leise. Ich war noch verschlafen, doch Becki saß schon auf dem Fensterbrett, barfuß in ihrem Pyjama, und ihr war nicht kalt.

Alle schliefen, und Becki schaute sich den Sonnenaufgang an. An diesen Tagen vergaß sie sogar ihre Morgengymnastik und das schreckliche Verlies, das uns noch erwartete. Sie erwähnte auch nicht mehr die ganzen scheußlichen Typen, mit denen wir eines Tages noch mal abrechnen werden. Sie saß einfach nur so auf der Fensterbank und ließ die Beine draußen baumeln, zurückgezogen in ihre Locken, im kühlen Morgenwind, und nichts auf der Welt fehlte ihr.

An so einem Morgen, die Sonne ging gerade erst auf und die Mädchen schliefen noch, rief mich Becki plötzlich und zeigte mir Kami, der sich am Wasserhahn in unserem Hof rasierte.

Er stand da mit eingeseiftem Gesicht, ein Handtuch um den Hals. Becki schaute hinunter und sagte nichts. Wir sahen, wie er mit der Rasierklinge den Seifenschaum wegmachte, mit ganz genauen Bewegungen, wie er dann sein Gesicht wusch und sich abtrocknete. Dann wusch er sich auch den Kopf unter dem Wasserhahn, trocknete die Haare aber nicht ab. Schüttelte sich nur, so wie Becki ihre Locken schüttelte. Ich dachte mir, das ist sicher ein uralter Zigeunerbrauch, wenn sie sich nach dem Regen in den Sturzbächen die Haare waschen.

Als Kami fertig war, setzte er sich auf unsere Schaukel und schaukelte langsam. Es war mir unangenehm, ihm dabei zuzusehen. Als ob du jemandem heimlich in die Seele schaust, und er weiß nichts davon.

Becki schaute ihm zu. Sie war nicht erstaunt. Sie saß einfach weiter auf der Fensterbank, mit ihrem geheimnisvollen Lächeln, wie nach einem langen nächtlichen Ritt auf ihrem Mustang.

»Da, wo er groß geworden ist, gab es keine Schaukeln«, sagte sie leise.

»Ist das bei den Zigeunern so?«, fragte ich. Sie antwortete nicht, und deshalb fragte ich weiter: »Wo ist er denn groß geworden?«

»In einem Flüchtlingslager im Gazastreifen«, sagte Becki, als sei nichts dabei. Als würde sie sagen: in dem neuen Viertel mit den Einfamilienhäusern.

Mit einem Mal, ich wusste nicht wie, war Kami mir fern. So fern, dass man vielleicht gar nicht über ihn reden durfte. Ich kroch unter meine Decke, weil ich zitterte.

»Er hat mir Fotos von seiner Familie gezeigt«, fügte Becki hinzu, wie um mich zu beruhigen. »Er hat drei kleinere Brüder und eine Schwester, die ist noch ein Baby.«

Das klang fast, als ob Becki sich das gerade erst ausdachte. Wirklich. Ich habe mir nie überlegt, dass sie da auch Babys haben, die Leute, die im Gazastreifen leben. Aber ich sagte nichts, denn Becki schaute mich an, als ob ich selber noch ein Baby wäre.

»Ich sehe schon, wir müssen noch viel auf der großen Welt herumreisen«, sagte sie, »es gibt so viele Menschen auf dieser Erde, von denen wir uns gar nicht vorstellen können, wie sie leben. Und es gibt zum Glück auch noch ein paar andere Leute auf unserem Planeten, außer Elischewa, dem Wurm, und der giftigen Liat.« Sie schüttelte ihre Locken und setzte sich aufrecht hin. Noch einen Moment und sie hätte sich auf ihren Mustang geschwungen und wäre durchs Fenster hinausgeritten.

»Und außer Alma Dunski«, lachte ich. Ich weiß nicht warum, aber gerade in diesem Augenblick kam mir der berühmte Satz von Alma Dunski in den Kopf: »Das ist Scharona. Sie wartet geduldig, dass der Melker sie an die Melkmaschine anschließt.«

Plötzlich war ich glücklich, dass ›mein Schicksal‹ mich hierher gebracht hatte. In diesem Moment sehnte ich mich noch nicht einmal nach dem weißen Haus mit dem Wetterhahn.

Ich war glücklich, dass ich ausgerechnet ins Oranim-Heim gekommen war, in das Bett gegenüber von Becki Wasana, die mich jetzt anschaute und auch zu lachen anfing. Sie kroch in ihr Bett, unter die Decke, und lachte dort weiter, damit es niemand hörte. So früh wollte sie nicht das ganze Heim aufwecken. Es war, als sehe sie zusammen mit mir Alma Dunski mit dem glatten wehenden Haar vor den Zypressen davongehen.

14

Das Problem war, dass Schoschs Fortbildungskurs eines Tages zu Ende ging und Becki mittwochnachmittags nicht mehr ungesehen aus dem Heim verschwinden konnte, um Kami zu besuchen.

Da sah ich sie mittwochs früh morgens aufstehen, alle Kleider aus ihrem Koffer holen, neu zusammenfalten und aufeinander legen. Die Hemden aufeinander, die Hosen aufeinander. Dann tat sie die Stapel langsam in den Koffer zurück, als stehe sie vor einer großen Reise, deren Zeit aber noch nicht gekommen war.

Danach ging sie auf den Flur und lief dort hin und her, wie die ›Besonderen‹, wenn sie neu sind und nicht schlafen können, dann hörten wir ihre Schritte die ganze Nacht im Stock über uns durch die Zimmerdecke.

»Ist nicht so schlimm, wenn ich ihn nicht jede Woche sehe«, sagte Becki eines Abends nach dem Lichterlöschen zu mir. »Hauptsache, ich weiß, dass er da ist.«

Wir lagen in unseren Betten und betrachteten den bläulichen Schimmer auf der einen Zimmerwand. In der Ferne bellten Hunde und zogen weiter. Ich dachte daran, wie die Zigeuner zur Fahrt aufbrachen, wie die Pferde zum Klang der Tamburine die Wagen zogen. Ich sah die nackten Füße der Kinder über Steine und Felsbrocken hüpfen. Die Akkordeonmusik wurde in der Ferne immer schwächer und ließ Becki, das kleine Mädchen, barfuß im Maisfeld zurück, und da weinte sie, sie möge die Kraft haben, weiterzuziehen.

Aber so viel Erfahrung Becki auch mit Abschieden hatte – lange hielt sie es nicht aus. Eines Nachts, nachdem wir, wie immer, miteinander geflüstert hatten und ich schon fast eingeschlafen war, hörte ich ein leises Rascheln aus ihrem Bett. Ich öffnete die Augen und sah gerade noch, wie eine Gestalt barfuß aus dem Zimmer schlich.

Ich sah einen Schatten im Flur Richtung Badezimmer gehen und verstand alles. Sie würde aufs Dach der Einsiedler klettern und dort an der Regenrinne hinunterrutschen.

Es war eine dunkle, mondlose Nacht. Mein Herz schlug wild. Der erste Gedanke war, aufzustehen und laut um Hilfe zu rufen. Jemand musste Becki aufhalten, bevor sie in dieser Nacht den dunklen Weg zwischen den Autowerkstätten erreichte.

Ich saß im Bett und konnte mich nicht bewegen. Wie gelähmt saß ich da, hatte Angst, zum Fenster zu gehen und sie weggehen zu sehen, und stellte mir vor, wie sie barfuß auf der feuchten Chamra-Erde durch die Dunkelheit lief. Ich stellte mir vor, wie ich zu den Erziehern ins Zimmer rannte und Tirza aufweckte, hörte ihre erschreckte Stimme schon durch die Gänge des Heims gellen. Sie würde Schosch anrufen, und bald würde unsere Zimmerdecke beben, weil auch die ›Besonderen‹ inzwischen aufgewacht wären und zu den Fenstern rannten.

Nein. Nein, ich konnte Becki Wasana nicht verraten. Ich durfte ihr großes Geheimnis nicht preisgeben. Um diese Entscheidung zu festigen, schloss ich die Augen und konzentrierte mich. »Schwarze Hügel in mondloser Nacht«, flüsterte ich dreimal. Dann öffnete ich die Augen und überwand mich, durchs Fenster in die Nacht hinauszuschauen.

»Da ist kein Stern«, flüsterte ich, »auch nicht Millionen Lichtjahre entfernt«, und ich blieb mit geballten Fäusten im Dunkeln sitzen und rührte mich nicht.

Ich wusste genau, wo Becki in jedem Moment war. Jetzt ging sie über den sandigen Platz zwischen den Gewächshäusern mit den Nelken. Ich roch den Blumenduft in der kühlen Luft. Jetzt kroch sie durch das Loch im Zaun hinter der Traktorwerkstatt, kam dann in den großen Hof der Tischlerei und kletterte über den Haufen Bauschutt. Ich hätte schwören können, dass sie die ganze Zeit ihr Lied vor sich hin summte.

Es war ein stilles Lied, das sie mit feiner Stimme wie ein kleines Mädchen sang. Ein einsames Mädchen, das unter sternlosem Himmel gegen Wind und Regen anrannte. Und während ich wie gelähmt dasaß, drang die leise Melodie allmählich ins Dunkel, wurde kalt und wild und verschlang mich und uns alle hier in der anderen Welt.

Morgens wachte ich auf der Decke auf, mit dem Kopf am Fußende. Ich konnte mich nicht erinnern, dass ich mich hingelegt hatte und eingeschlafen war. Im Bett neben mir lag Becki Wasana und schlief tief. An ihren Füßen, die unter der Decke hervorschauten, klebte feiner Staub. Ich stand auf und deckte ihr die Füße zu. Sie rührte sich nicht.

»Allen Mädchen einen wunderschönen guten Morgen!«, verkündete Tirza, als sei es schon helllichter Tag. »Wer ist noch nicht wach?« Ihre schrille Stimme schallte wie jeden Morgen durchs Zimmer, und wie jeden Morgen schliefen alle noch, genossen den letzten Morgenschlaf, der aus irgendeinem Grund gerade dann am schönsten ist, wenn man dich wecken kommt.

Ich würde so gern morgens von allein aufwachen wie die Zigeuner. Bei denen käme niemand auf die Idee, dich mit einem lauten ›Guten Morgen‹ zu belästigen, solange du noch träumst. Bei denen schläft man einfach so lange, bis man aufwacht.

Wenn die Zigeunersippe ihr Lager in der Nähe einer großen Stadt aufschlägt, wacht man von den Lastwagen auf der Fernstraße auf, aber die ist weit genug weg, sodass du deinen letzten Morgentraum noch in Ruhe zu Ende träumen kannst. Und wenn sie auf einer Wiese oder am Fuß eines Berges lagern, wacht man von dem beruhigenden Bimmeln der Kuhglocken auf oder vom Meckern der Ziegen, die den Berg heruntergehüpft kommen.

Wenn du nicht tief schläfst, weckt dich vielleicht ein vorbeifliegender Vogel oder sonst das Knacken der Äste im kleinen Lagerfeuer, das die Frühaufsteher schon angezündet haben, oder der Geruch des Tees oder der leise Klang des Akkordeons von deinem Vater.

Aber Tirza, die im Leben noch keinen Fuß in ein Zigeunerlager gesetzt hat, baute sich vor Beckis Bett auf, sagte »Du schonst dich heute wohl, was, Becki?« und beugte sich mit ihrer schrillen Stimme über sie.

Becki streckte sich und umklammerte mit beiden Händen ihr Kissen, als halte sie eine süße Erinnerung fest, als könne keine Tirza der Welt sie stören. Bloß gut, dass ich ihr die Füße zugedeckt hatte. So schöpfte sogar die schlaue Tirza keinen Verdacht.

»Alles in Ordnung?«, fragte mich Becki verschlafen. Eines war sicher: Bei Becki war alles in Ordnung. Ihre Locken waren vom nächtlichen Wind zerzaust, die Füße brauchten dringend eine Dusche, aber ihre Augen leuchteten.

Ich fragte mich, was sie schon groß bei dem Eiswagen machen konnte, wenn Kami drinnen eingeschlossen war. Ein paar Worte mit ihm reden und dann wieder den ganzen furchtbaren Weg zurückgehen, an den dunklen Autowerkstätten vorbei, in einer mondlosen Nacht? Aber ich zeigte ihr nicht, dass ich Bescheid wusste, und auch Becki erwähnte die Nacht mit keinem Wort.

Das war Becki Wasanas erste Wandernacht. Viele sollten noch folgen. Ich verstand wirklich nicht, wie Becki Nacht für Nacht mit drei oder vier Stunden Schlaf auskam. Wie sie jede Nacht diesen unheimlichen Weg gehen konnte, fragte ich schon gar nicht mehr. Auch nicht, dass das gefährliche Runterrutschen an der Regenrinne und das furchtbare Hochklettern auf dem Rückweg über das steile Dach der Einsiedler zum Fenster des Duschraums sie nicht störte. Das waren Dinge, die nur ein Zirkusmädchen auch bei Regen und Sturm und in völliger Dunkelheit so vollführen konnte, dass sie höchstens mit ein paar kleinen Schrammen davonkam.

Doch nach einigen Wochen zeigten sich sogar bei Becki, deren früheste Erinnerung in ihrem Leben ein menschenleeres Maisfeld unter stechender Sonne war, Zeichen von Müdigkeit.

Zuerst dämmerte sie im Unterricht weg. Ihr Kopf sank ganz langsam nach vorn, bis er plötzlich fast runterfiel. Becki zuckte zusammen und richtete sich schnell wieder auf, doch schon wenig später kippte ihr Kopf wieder langsam weg.

Ein paar Tage später war es schon kein Wegdämmern mehr. Becki schlief richtig tief, mitten in der Klasse, unter den Blicken der ungeduldigen Lehrer. Manchmal wurde sie deshalb vor die Tür geschickt. Dann ging sie zu den Bäumen hinter den Trinkwasserhähnen im Schulhof und legte sich schlafen, bis ich sie in der Pause wecken kam. Danach wusch sie sich das Gesicht am Wasserhahn und sah wieder etwas frischer aus.

»Ich weiß gar nicht, wo diese Müdigkeit herkommt«, sagte sie, doch von ihren nächtlichen Ausflügen konnte sie nicht lassen. Sobald das Licht ausgemacht wurde, begann sie mit den Vorbereitungen, holte die verknitterte Regenhaut aus dem Koffer, versteckte sie wieder unter dem Kopfkissen, machte ihre Gymnastikübungen und legte sich dann auf die Decke und wartete, bis alle schliefen.

Ich konnte nicht einschlafen, bevor Becki nicht auf Zehenspitzen aus dem Zimmer schlich. Das war stärker als ich. Wäre ich eingeschlafen, bevor sie ging, hätte ich das Gefühl gehabt, Becki im Stich gelassen zu haben. Wenn ich nicht jede Nacht wach gelegen und mir jeden Abschnitt ihres Weges vorgestellt hätte, wäre es so gewesen, als hätte ich aufgehört, sie zu beschützen.

In dieser ganzen Zeit bis zu den Pessachferien lief Becki wie ein Schlafwandler unter uns herum. Ihre vor Müdigkeit geschwollenen Augen hatten einen merkwürdigen Glanz und wanderten bei jeder Gelegenheit zum Fenster und hinaus, wie bei den Zigeunern, wenn sie dort, wo sie gerade lagern, wieder fortmüssen. Wie die Zigeuner, wenn sie plötzlich aufhören, am Lagerfeuer zu flüstern. Dann stampfen auch die Tiere ungeduldig und bäumen sich auf.

Auch Schosch und die Erzieher merkten, dass sich bei Becki etwas tat. Sie bekamen dauernd Briefe aus der Schule und bestellten Becki alle paar Tage zu einem Gespräch ins Büro. Aber ich hatte den Eindruck, dass eine stille, verträumte Becki sie weniger beunruhigte als die wilde, ausgelassene Becki von vor ein paar Monaten. Sie dachten, das käme alles von der Pubertät, die sie wohl sehr mitnahm. So berichtete es uns Elischewa, der Wurm, direkt von den abendlichen Sitzungen im Büro.

Wir hatten schon viele Nächte nicht mehr geredet, und deshalb war ich ganz überrascht, als Becki mich eines Abends, kurz bevor sie hinausging, um sich mit Kami zu treffen, wieder ansprach.

Ich lag im Bett und wartete wie jede Nacht, dass sie sich heimlich davonschlich. Ich wartete mit geschlossenen Augen, stellte mich schlafend. Aber Becki fing an zu reden, als wisse sie ganz genau, dass ich all die Nächte wach lag und jede ihrer Bewegungen verfolgte. Sie sprach ganz normal mit mir, wie in den Nächten, als wir uns noch alles erzählt hatten, ehe wir einschliefen.

»Hinter den Autowerkstätten und den Gewächshäusern in Richtung Bahnhof lag früher ein Dorf. An den Häusern rankte Wein, die Feigenbäume trugen süße Früchte, und von den Gewächshäusern bis zur Bahnlinie lag ein großer Obstgarten mit Mandelbäumen und Granatäpfeln. Wusstest du das?«

Das wusste ich nicht. Wir hatten zwar ein paar Wochen zuvor von den wilden Bäumen, die zwischen den Werkstätten wuchsen, die grünen Mandeln gepflückt und gegessen, hatten uns aber nie überlegt, wie die

Bäume wohl da hingekommen waren. Und einmal, im Sommer, waren wir bis zu den Schienen gegangen und hatten einen großen Feigenbaum gefunden, an dem wir raufkletterten und von dem wir einen ganzen Karton voll süßer Feigen runterholten.

»Seine Familie hat früher hier im Dorf gelebt«, flüsterte Becki, als dürfe das niemand außer mir wissen. »Sein Großvater hatte hier ein Haus, da ist sein Vater groß geworden.«

Becki versuchte, so leise wie möglich in die Ärmel ihrer Regenhaut zu schlüpfen.

»War das das Zigeunerdorf?«, fragte ich.

Becki trat ans Fenster und schaute schweigend hinaus, als zögerte sie, jetzt in die Dunkelheit zu gehen. Der Regen schlug ans Fenster und sie zog den Reißverschluss bis oben zu, schloss auch den oberen Knopf, zog die Kapuze aus der Tasche, setzte sie auf und zog sie fest um den Kopf.

»Das ist jetzt ernst, Talia«, sagte sie leise. Ich verstand nicht, was sie meinte. War denn die Sache mit den Zigeunern, die von Land zu Land zogen, auf der Suche nach ihrer verlorenen Erde, nicht ernst gewesen? Und ihr Vater mit dem Akkordeon? Und das im Maisfeld zurückgelassene vierjährige Mädchen? Und warum nannte sie mich plötzlich Talia?

Sie blieb so stehen, mit dem Rücken zu mir. Einen Moment wollte ich aufspringen, sie umarmen und ihr sagen, sie solle nicht gehen. Sie dürfe in dieser Nacht nicht gehen. Sie müsse wenigstens warten, bis der

Sturm vorüber sei. Als sie den Satz »Das ist jetzt ernst, Talia« sagte, lag in ihrer Stimme etwas, das nicht zu ihr gehörte. Als habe ihr jemand eine unerträgliche Last aufgebürdet. Als ginge das, was doch als Spiel begann, jetzt über ihre Kräfte.

Ein Blitz erhellte das Fenster, gefolgt von furchtbarem Donner, und Becki spürte wohl, dass sie, wenn sie noch einen Moment wartete, nicht mehr die Kraft haben würde, hinauszugehen, denn sie gab sich einen Ruck und rannte aus dem Zimmer.

In dieser Nacht habe ich nicht geschlafen. Ich saß zitternd im Bett, während sie den Weg zwischen den Werkstätten enlangging und durch die großen Pfützen bei den Gewächshäusern rannte. Ich lauschte dem Wind, der an den Fensterläden zerrte. Jahli jaulte im Stockwerk über uns wie eine einsame Lokomotive, und dahinein mischte sich der Donner, der aus allen Himmelsrichtungen kam und genau über unserem Heim losbrach.

Erst nach einer Ewigkeit kam Becki zurück. Die Regenhaut hatte sie noch im Flur abgestreift, und nun saß sie auf dem Bett, zog die restlichen Kleider aus und hängte sie zum Trocknen über alle verfügbaren Stühle im Zimmer. Der Wind ließ nach. Jetzt spürte ich die furchtbare Müdigkeit, die Augen fielen mir von allein zu, und langsam beruhigte ich mich, als ob ich es gewesen wäre, die von einem furchtbaren nächtlichen Lauf draußen zurückkam.

Während ich den ruhigen Atemzügen aus Beckis

Bett lauschte, tauchten aus dem Dunkel die verlassenen Ruinen zwischen den Werkstätten und dem Bahnhof auf. Ich ging langsam näher an sie heran, besah mir aus der Nähe die vertrockneten Weinstöcke an den Hauswänden, berührte die Stämme der Bäume, die zwischen den Ruinen wuchsen, wahrscheinlich jahrhundertealte Bäume. Alles war trocken. Die Zweige und die Blätter, über die ich lief, zerbrachen spröde unter meinen Füßen wie altes Stroh. Der gelbe Staub, den die Zigeuner hinterlassen, wenn sie weiterziehen, wirbelte durch die Luft und legte sich wieder, bis er alles bedeckte.

15

Kamis Vater, der im Gazastreifen als Fischer arbeitete, hatte einen Esel mit einem Wagen, um die Fische vom Meer auf den Markt zu bringen. Als Kami ein Kind war, war der Esel noch jung gewesen und hatte mühelos den Wagen mit den Fischen zum Markt ziehen können, auch wenn es nicht immer Gerste zum Füttern gab. Und Gerste ist für Esel, was für den Menschen das Fleisch ist.

Abends wurde der Esel im Hof angebunden, dann redete Kami mit ihm. Er hätte lieber einen Hund gehabt, aber Zigeuner halten keine Hunde. Und so war der Esel für ihn wie ein Hund gewesen oder sogar noch mehr.

Als der Esel alt wurde, hatte er nicht mehr genug Kraft, den Fischwagen zu ziehen. Kami ertappte sich manchmal dabei, dass er betete, sein Vater möge nicht so viele Fische fangen, damit der Esel es nicht so schwer hatte. Kurze Zeit später erhörte Gott anscheinend sein Gebet, doch nahm er es wohl etwas zu ernst, denn die Fische kamen plötzlich gar nicht mehr an die gewohnte Stelle im Meer, wo Kamis Vater immer gefischt hatte.

Die Fischer sagten, das sei vielleicht wegen eines Tanks, der in der Nähe im Hafen ausgelaufen war. Das hätte wahrscheinlich die Fische vertrieben. Andere sagten, die Fische kämen nicht mehr wegen der Schießereien und wegen des Tränengases an Land. Nur Kami kannte das Geheimnis, er wusste, dass sein Gebet daran schuld war, und das quälte ihn.

Außer dem Esel hatte Kami als Kind nur noch einen Ball gehabt, in dem aber keine Luft war, und einen Drachen. Einmal haben die Soldaten ihm seinen Drachen weggenommen, weil er in den Farben bemalt war, die auch die Fahne der Zigeuner hatte, und die durfte niemand sehen. Sie kamen und nahmen Kami mit seinem Drachen fest, sperrten ihn in eine Zelle, und da wartete er auf seine Eltern, dass sie die Strafe bezahlten und ihn wieder rausholten.

Er wartete lange, denn seine Eltern hatten nicht viel Geld. (Für so eine große Summe musste sein Vater ein halbes Jahr fischen gehen, und zu der Zeit gab es doch schon keine Fische mehr.) Die Eltern mussten ihre wenigen Habseligkeiten verkaufen und noch von Nachbarn Geld leihen, die jedoch selbst auch nicht viel hatten. Schließlich kam aber doch seine Mutter, bezahlte und holte ihn nach Hause. Nur den Drachen haben sie nicht freigelassen. Der sitzt bis heute im Gefängnis.

Ich weiß nicht, ob Becki mit Kami darüber gesprochen hat, oder ob sie selber verstanden hat, dass sie nicht bei ihm wohnen konnte, auch wenn er jetzt ihr Zigeunervater war. Denn ein Eiswagen war nicht gerade ein Ort für eine Familie. Außerdem gehörte der Wagen nicht ihm, und er durfte darin auch niemand andern übernachten lassen. Und er musste die ganze Zeit arbeiten, um das tägliche Brot für seine Brüder und seine kleine Schwester zu verdienen.

Aber sie konnte ihn ab und zu besuchen, mit ihm Würstchen essen und den süßsauren Tee trinken. Sie konnten barfuß auf dem Feld, wo der Eiswagen stand, spazieren gehen und über alle möglichen Dinge reden. Sie konnten die Sterne anschauen, die nächtlichen Stimmen hören und die Blumen aus den Gewächshäusern riechen. Und für ein Mädchen, das nie einen festen Vater gehabt hat, war das schon ziemlich viel.

16

Iggi Mirkin war keiner, der es lange an einem Ort aushielt. Das sah man ihm an. Wenn ich nachts auf Becki wartete, konnte ich seine Schritte oben auf dem Balkon der ›Besonderen‹ hören. Manchmal saß er auch einfach da und pfiff sich ein Lied, ganz für sich allein in die Nacht. Oder er knackte mit den Fingern, als zerbräche er sie einen nach dem andern. Ich wusste nicht, ob er das aus Langeweile tat oder weil er nervös war.

Einmal, als Becki zu Kami gegangen war und ich nicht einschlafen konnte, hörte ich sein Fingerknacken im Treppenhaus an der Gittertür zum dritten Stock. Ich stand auf, und ehe ich wusste, was ich tat, war ich schon auf der Treppe nach oben.

Auf der anderen Seite des Gitters saß Iggi, die Pelzmütze tief in die Stirn gezogen. Der nach unten geklappte Schirm überschattete seine hellen Augen. Er drückte das Gesicht ans Gitter, als warte er auf Besuch von unserem Stockwerk.

Als ich ihn so sah, wollte ich erst wieder umkehren, doch er flüsterte »Hallo, Matrosin!« und machte mit der Hand eine Bewegung, ich solle doch hochkommen.

»Dir ist bestimmt langweilig, so allein. Komm, Matrosin, setz dich«, sagte er und zeigte auf die nächste Stufe. Ich setzte mich, und in meinem Herzen jagten sich die Fragen: Was meinte er mit allein? Wusste er von Beckis heimlichen Ausflügen? Und warum nannte er mich Matrosin?

Er sah wohl die Fragen auf meinem Gesicht und sagte leise:

»Keine Sorge. Von mir wird keiner was erfahren.« Das erschreckte mich noch mehr. Doch er zog in aller Seelenruhe eine Zigarette hinter seinem Ohr hervor und bot sie mir an.

Noch nie hatte mir jemand eine Zigarette angeboten. Ich war wie erschlagen. Aber ich hatte schon vor langer Zeit beschlossen, nie im Leben zu rauchen. Außerdem war ich so überrascht, dass er das Geheimnis kannte.

»Wie alt bist du?«, fragte ich und brachte den Satz kaum am Stück heraus.

»Bald vierzehn«, sagte Iggi, »aber ich rauche schon, seit ich zehn bin.« Er lächelte nicht, als er das sagte, und sah auch nicht aus, als wollte er damit angeben. Er sagte es völlig ernst. Beinahe traurig. Als sei sein Leben so gewesen, dass er eben keine andere Wahl gehabt habe.

Er holte Streichhölzer aus der Tasche und zündete die Zigarette an. Dabei legte er beide Hände um die Flamme, obwohl auf der Treppe doch gar kein Wind war.

»In der Containersiedlung«, sagte er, »ist es nicht gerade angenehm. Aber man kann es aushalten.« Er zog tief an seiner Zigarette, die im Dunkeln glühte. »Das Schlimme ist nur, dass sie dieses Auffanglager so weit weg von allem gebaut haben, dass du dich manchmal fragst, ob du überhaupt noch auf der Welt bist.« Ob er das alles erzählte, um mir sein Rauchen zu erklären?

Vielleicht war das wie bei den Zigeunern, wenn sie an einen neuen Ort kamen und sich erst einmal an den fremden Geruch der Erde, an die Stimmen anderer Vögel gewöhnen mussten, an die Windrichtungen und die neue Farbe des Morgenhimmels. Anscheinend guckte ich nachdenklich, denn Iggi schaute mich von der anderen Seite der Gittertür durchdringend an, als versuche er, in meinen Kopf hineinzusehen.

»Was ist mit dir, Matrosin?«, fragte er, und ich glaube, er hatte wieder dieses Lächeln, halb erheitert, halb spöttisch, wie an dem Tag, als er angekommen war. Ich weiß nicht, warum ich ihm auf der Stelle mein Geheimnis offenbarte. Ich fing an zu erzählen und konnte nicht mehr aufhören. Ich musste einfach.

»Weißt du: meine Eltern. Ich habe eines Tages kapiert, dass ich woanders echte Eltern habe. Sie leben in einem weißen Haus mit einem Wetterhahn auf dem Dach, wo auf den Fluren Pfaue spazieren gehen. Und jetzt versuche ich die ganze Zeit, mit ihnen in Verbindung zu kommen.«

Ich war selbst erstaunt, wie schnell ich ihm meine

ganze Lebensgeschichte erzählt hatte, wie diese Geschichte auf ein paar kurze Sätze zusammenschrumpfte, und dass ich ihm nichts verheimlichte.

Er schaute mich konzentriert an. Direkt in die Augen. Fast, als hielte er den Atem dabei an. Ich glaube, so hat mir noch nie jemand zugehört. Einen Moment dachte ich, er würde gleich loslachen, so belustigt sah er aus. Aber abgesehen von diesem Blick war er völlig ernst.

»Ich verstehe«, sagte er nach einigem Nachdenken. »Ich kann mir vorstellen, dass man sich so fühlt.«

Und zum ersten Mal verstand ich, dass es gar nicht so wichtig war, wo meine echten Eltern waren und ob ich sie je finden würde. Das Wichtige war, zu fühlen, dass sie da waren.

»Ich glaube, ich werde später auf einem Boot leben«, sagte Iggi. Es war, als antworte er mit seinem Geheimnis darauf, dass ich ihm mein Geheimnis anvertraut hatte. »Wer braucht denn ein Haus, ein Land und festen Boden?«, sagte er. »Man kann doch sein Leben lang auf einem kleinen Schiff leben. Abends auf der Jungfraueninsel einschlafen und am nächsten Morgen im Golf von Mexiko aufwachen. Was meinst du, Matrosin?«

Das klang so einfach, so wunderbar, wie er es sagte, obwohl ich im Leben noch nie von den Orten gehört hatte. Die hörten sich an wie jene Plätze auf der Welt, an denen Becki und ich eines schönen Tages mal vorbeischauen wollten.

»Du willst sicher dein Leben lang rumfahren«, sagte ich, »nicht heiraten und keine Kinder haben.«

»Wie kommst du denn darauf?« Iggi war erstaunt, wollte dann loslachen, doch es war so still im Heim, dass er sich mit den Händen den Mund zuhielt und sein Lachen runterschluckte.

»Meine Frau und meine Kinder werden mit mir auf dem Boot leben, die ganze Zeit«, flüsterte er, noch immer unterdrückt lachend. Ich weiß nicht warum, aber ich freute mich, dass er auf Frau und Kinder nicht verzichten wollte auf seinem kleinen Boot. Jetzt wollte auch ich ihm etwas erzählen, das ihn freute.

»Weißt du, was sie in deiner Akte über dich schreiben?«, flüsterte ich. Ich dachte, er würde vor Neugier platzen, doch es schien ihn nicht besonders zu interessieren und er fragte nicht nach. Ich antwortete ihm trotzdem und flüsterte: »Problematisch.« Ich dachte, es müsste wie eine Bombe bei ihm einschlagen, was die Heimleiterin und die Erzieher über ihn sagten.

»Problematisch?« Er wiederholte das Wort enttäuscht.

»Wir haben auch erst nicht gewusst, was das heißt«, gab ich zu.

»Wer ist ›wir‹?«, fragte Iggi.

»Die Mädchen von unten. Schon am Abend, an dem du ankamst, hat Elischewa, der Wurm, deine ganze Akte durchgelesen und uns alle Informationen weitergegeben.«

Da musste er lachen, und wir schauten uns beide

um, jeder zu seinem Stockwerk, ob nicht irgendwer aufgewacht war.

»›Problematisch‹, das ist dasselbe wie ›schwierig‹. Aber weil ich Russisch spreche, passt ›problematisch‹ besser.«

Dann zog er wieder an seiner Zigarette und schaute mich durch das Dunkel an.

»Glaubst du an Schicksal, Matrosin?«, fragte er.

»Ja«, sagte ich. »Was meinst du damit?«

»Ich meine, dass uns vielleicht das Schicksal hier diese Nacht zusammengeführt hat, wie in den russischen Filmen.«

»Kann sein.« Ich zögerte. Es klang so schön, dass ich mich etwas genierte. Er war nur zwei Jahre älter als ich, aber als er das sagte, sah er aus wie einer, der sein Leben lang in der großen weiten Welt herumgezogen war.

Er drückte sein Gesicht ans Gitter, gleich würde er mit dem Kopf stecken bleiben.

»Wenn ich hier eines Tages türme, ohne dir ›Schalom‹ zu sagen, heißt das nicht, dass uns das Schicksal nicht wieder zusammenführen wird, Talila.« Sein Gesicht war völlig ernst und sah zwischen den Gitterstäben schmal aus, wie das eines Gefangenen. Aber als er meinen Namen mit diesem Akzent der Neueinwanderer sagte, klang er so anders, dass ich wirklich meinte, in dem russischen Film zu sein, den ich mal, schwarzweiß und ohne Übersetzung, auf einem der Kabelfernsehkanäle gesehen hatte. Da war eine Frau in einem Eisenbahnabteil, und ein junger Soldat stand auf dem Bahnsteig. Die schauten sich an, bis der Zug abfuhr. Sie sprachen kein Wort. Erst als der Zug schon fuhr und sie sich nicht mehr sahen, kamen jedem für sich ein paar Tränen.

»Eines Tages«, sagte er, und er sah, wie es mich bewegte, und sprach langsamer, machte Pausen zwischen jedem Wort, »eines Tages wirst du vielleicht mal an einem Strand spazieren gehen und plötzlich ein Lichtzeichen von einer Lampe auf einem der Schiffe sehen.« Da brach er ab und schwieg und schaute geradeaus, auf einen fernen, fernen Punkt.

Ich wollte, dass er noch etwas über die Lampe sagte, und was ich machen sollte, wenn ich das Zeichen sah, aber er sagte nichts. Stattdessen nahm er seine Pelzmütze ab. Ich sah zum ersten Mal seine Haare, die waren ganz kurz geschoren.

Er kratzte sich am Kopf und entschuldigte sich: »Ich habe mir die Haare abgeschnitten. Das ist einfacher, wenn man viel unterwegs ist«, und dann schaute er mich wieder an, direkt in meine Augen, und ich dachte, vielleicht lädt er mich ein, mit ihm zusammen zu türmen, denn er sagte:

»Lass uns ein bisschen ausruhen, bis wir die Anker lichten. In Ordnung, Matrosin?«

17

Als der Frühling kam, hatten die ›Besonderen‹ keine Lust mehr, sich jede Nacht von Jahlis Jaulen wecken zu lassen. Sie versammelten sich auf dem Dach, um das Problem zu besprechen. Zuerst hörten wir viel Streit und Geschrei, weil ein paar Jungen darunter waren, bei denen es nicht viel brauchte, sie aus der Ruhe zu bringen. Es gab auch lange Minuten des Schweigens, denn es gab bei ihnen auch solche, aus denen du, wie Becki sagte, sogar mit vorgehaltener Pistole kein Wort herausbekamst.

Am selben Abend hörten wir im Duschraum plötzlich eine Stimme aus dem Heizungsrohr. Es war Iggi. Er versuchte, uns von oben etwas zuzuflüstern, und Elischewa, der Wurm, drängte sich sofort vor, beugte sich runter und legte das Ohr an die Öffnung des Rohrs, in der Hoffnung, eine höchstgeheime neue Information zu erhalten. Ihr rundes Gesicht war rot vor Begeisterung, und sie lächelte so glücklich, als ob sie eine ganze Nacht in den Akten in Schoschs Büro gestöbert hätte.

Sie richtete sich wieder auf und flüsterte:

»Die ›Besonderen‹ lassen fragen, ob eine von uns

helfen kann, für Jahli eine Fahrt zum Bahnhof zu organisieren.«

»Und ich lasse fragen, ob mir eine helfen kann, eine Fahrt zur jährlichen Modenschau im Hilton-Hotel zu organisieren«, entfuhr es Sigalit Marsel bitter.

»Das ist ernst«, rügte sie Elischewa, »die können wegen seinem Gejammer nachts kaum schlafen.«

»Auch bei mir ist es ernst«, beharrte Sigalit. »Im Hilton wimmelt es bei den Modenschauen nur so von Fotografen.«

»Natürlich. Und da wird jemand gerade dich entdecken und du wirst ganz groß rauskommen!« Liat grinste spöttisch.

»Wie wollen sie sein Gejaule denn abstellen? Wollen sie ihn etwa mit dem Zug zu seinen Eltern ins Ausland schicken?«, fragte Chagit.

»Quatsch«, antwortete ihr Ronit. »Er muss ja nirgends hinfahren. Weißt du nicht, dass ihn Bahnhöfe ganz stark beruhigen? Einen Bahnhof zu sehen, das reicht ihm schon.«

Wir verstummten und dachten nach, über Jahlis Traurigkeit und über die beruhigende Wirkung von Bahnhöfen. Ich beneidete Elischewa, dass sie Iggis Stimme im Rohr gehört hatte.

»Frag doch deinen Onkel«, sagte Sigalit bissig zu Elischewa. Sie hatte die Hoffnung auf die diesjährige Modenschau im Hilton wohl schon aufgegeben.

Elischewa antwortete nicht. Schwer zu sagen, ob sie sich genierte, ihren Onkel so was zu fragen, oder ob sie ihr wöchentliches Essen im Restaurant nicht aufs Spiel setzen wollte.

Becki Wasana beteiligte sich nicht an dem Gespräch. Sie sah aus, als hörte sie überhaupt nicht zu. Als alle in der Schlange für den Haartrockner standen, schlinderte sie ein paar lange Bahnen auf der Seife und knallte einmal mit solcher Wucht gegen die Tür des Duschraums, dass Tirza hereingestürzt kam und uns anschaute, als wollte sie uns am liebsten alle in die Chirbe abschieben.

Erst nachts, nachdem Becki mit ihren Übungen fertig war, setzte sie sich zu mir aufs Bett und sagte, als ob sie das Gespräch aus dem Duschraum fortsetzte: »Was meinst du, soll ich mal mit Kami reden, dass wir vielleicht in den Pessachferien einen Ausflug zum Bahnhof machen?«

Das ist es, was ich an Becki so liebe. Du könntest denken, dass sie sich, wo sie einen festen Vater gefunden hatte, verschloss und die Welt um sich vergaß. Aber so war Becki nicht. Das ist wohl der große Unterschied zu Mädchen wie Alma Dunski. Die sind so mit ihrer Star-Karriere beschäftigt, dass sie überhaupt nicht mitkriegen, was ein paar Zentimeter unterhalb ihrer flatternden Wimpern passiert.

Seit ich im Oranim-Heim war, dachte ich manchmal, dass Mädchen, ›deren Lebensweg mit Schwierigkeiten gepflastert ist‹, viel erträglicher sind als solche Alma Dunskis. Da wollte ich mal länger drüber nachdenken. Aber an diesem Abend saß Becki Wasana auf meinem

Bett und überlegte, wie wir Jahli in den Pessachferien aus dem Heim schmuggeln und ihn mit dem Eiswagen beim Bahnhof ›vorbeifahren‹ konnten. Ihre Augen leuchteten schon bei dem Gedanken, dass wir unter den Augen der Erzieher und der Heimleiterin einen so verbotenen und riskanten Plan ausheckten.

Ohne angeben zu wollen, kann ich sagen, dass Becki und ich binnen weniger Tage ein eingespieltes Team waren und so gut arbeiteten, dass sogar Iggi, unser Kontaktmann, uns einmal am Ende eines Gesprächs durchs Heizungsrohr zuflüsterte: »Alle Achtung, Matrosinnen!«

Die anderen Mädchen merkten schon, dass sich bei uns etwas zusammenbraute. Nach dem Lichterlöschen blieben sie mühsam wach und versuchten, irgendeine Information aufzuschnappen.

Elischewa, der Wurm, kroch mit dem Kopf unter die Decke und versuchte so tief zu atmen wie jemand, der schläft, und wartete ungeduldig, dass wir endlich anfingen, über ›den Plan‹ zu reden. Doch Becki und ich lagen uns gegenüber, lauschten ihrem Atem, unterdrückten nur mit Mühe das Lachen und schwiegen wie die Fische.

Arme Elischewa. Sie konnte nicht so lange im Dunkeln liegen, ohne etwas zu knabbern. Schon nach einigen Minuten hörten wir das feine, leise Geräusch. Wie eine winzig kleine Maus, die tief in ihrem Loch versteckt Bröckelchen für Bröckelchen ihr trockenes Brot frisst.

Sigalit Marsel fluchte unter der Decke, um nicht einzuschlafen, und Chagit und Ronit kitzelten sich und kicherten. Wir redeten vorsichtshalber nicht mehr nachts, sondern schrieben uns tagsüber Zettel, die wir gleich danach in winzige Schnipselchen rissen und wie Konfetti vom Dach aus in den Wind warfen.

An einem Morgen, als die Maler kamen und im Heim alle Zimmer anschauten, um festzustellen, welche Räume sie zum Pessachfest weißeln sollten, sagte Becki zu Tirza, ihr Onkel wolle uns beide zu einem Spaziergang in die Stadt abholen. Ich weiß nicht, was Tirza sich dachte, als sie mit den Malern und den Leitern in der Küche stand.

Wir wussten, dass Schosch an diesem Tag nicht ins Heim kommen wollte, um ›draußen einige Dinge zu erledigen‹, vor allem aber wohl, um bei der Malerei nicht dabei sein zu müssen, die im ganzen Heim ein solches Durcheinander stiftete, dass sie sie nicht die ›Malerei‹, sondern die ›Quälerei‹ nannte. Egal ob mit oder ohne Maler, Schosch hätte uns die Sache mit dem Onkel nie abgenommen, der da plötzlich aus dem Nichts geboren wurde. Einen Onkel, der sich noch nie gemeldet hatte und extra zum Frühling erschien, damit wir uns nach dem langen Winter im Heim ein bisschen den Kopf auslüften konnten.

Wir zogen uns morgens an. Die andern Mädchen spürten, dass etwas in der Luft lag, ahnten aber nicht, was für einen ausgetüftelten Schmuggel wir vorhatten.

Elischewa flüsterte etwas Abfälliges über Onkel, die sich einmal in zehn Jahren daran erinnern, dass sie eine Nichte haben.

»Hey, Leute, ich habe eine brandneue Information«, verkündete sie beim Frühstück dem ganzen Tisch. »Seit es mich an diesen erbärmlichen Ort hier verschlagen hat, hat mein Onkel noch keinen einzigen seiner wöchentlichen Besuche ausfallen lassen.«

Sie versuchte, Becki anzugrinsen, doch du sahst ihr an, dass sie sich nicht wirklich freute. Etwas bedrückte den Wurm, und er wusste selber nicht was.

Becki und ich verließen die andern und gingen zum Tor. Alle Mädchen und auch Tirza standen auf dem Balkon, als wir wie zwei befreite Vögel zur Bushaltestelle hüpften. Dort stand Kami in einem blauen Hemd und ohne die Eiswagenmütze. Er sah einem Onkel, der seine Nichten zu einem Ausflug abholt, verblüffend ähnlich.

Kami begrüßt uns mit Handschlag, die Blicke von Tirza und den Mädchen stechen uns geradezu in den Rücken und lassen uns nicht los.

»Wink doch, Kami«, sagt Becki nervös.

Kami hebt die Hand und winkt. Er lächelt dabei, aber das kann man vom Balkon aus nicht sehen.

Kami winkt, und Tirza winkt zurück. Die Mädchen winken nicht. Vielleicht haben sie Verdacht geschöpft, vielleicht sind sie aber auch bloß neidisch.

Jetzt drehen wir uns um, gehen los und verschwinden schnell Richtung Autowerkstätten, drehen dort eine Runde, und sobald Tirza und die Mädchen ins Haus gegangen sind, tauchen wir an der Rückseite des Heims wieder auf. Bis hierher ging alles ganz glatt.

Jetzt wird es sich zeigen, ob der große Schmuggel von Hobbyabenteurern geplant wurde oder von echten Fachleuten, die jede Kleinigkeit bedacht haben. Jetzt muss alles ganz exakt ablaufen.

Ich sage mir im Stillen, dass es nicht klappen kann. So was funktioniert nur im Film, wenn der Regisseur sich darum kümmert, dass alles zur richtigen Zeit passiert, auf die Sekunde genau.

Wir stehen an der Seite des Hofes, verdeckt von den Büschen, die da am Zaun wachsen. Im Heim ist es ruhig, als sei niemand dort. Von außen sieht es aus, als lebten dort ganz normal ein paar Familien unter dem roten Ziegeldach, mit dem großen, Schatten spendenden Eukalyptusbaum im Hof. Nur die Gitter vor den Fenstern im Stockwerk der ›Besonderen‹ verschandeln das Haus.

Wir warten einige Minuten. Eine Ewigkeit. Keiner sagt ein Wort. Becki zieht die Schuhe aus und wirft sie über den Zaun in den Sandkasten. Jetzt sehe ich, dass auch Kami barfuß ist. Das ist wahrscheinlich das dritte Zeichen. Ja. Ich bin mir ganz sicher. Wenn Kami frei hat und frei ist, befreit er auch die Füße aus den Schuhen, genau wie Becki, damit sie jeden Erdhügel, jedes Grasbüschel spüren können, damit sie mit den Zehen alles ertasten können, auf der Suche nach dem verlorenen Land.

Im Toilettenfenster im dritten Stock taucht Iggi Mirkins Kopf auf. Für mich ist es in diesem Moment, als wäre es der Kopf des lang ersehnten Messias. Noch nie habe ich einen schöneren Kopf in einem so entscheidenden Moment gesehen.

Aber er ist ein ganzes Stockwerk höher als das Dach der Einsiedler. Wie will er auf das Vordach kommen? Mein Magen wird plötzlich hart, das Atmen fällt mir schwer. Kami schaut Becki an. Die sagt nichts. Sie nickt nur leicht. Das scheint Kami zu beruhigen, denn er fragt nichts. Und dann kommt mit einem Mal die große Erleichterung.

Aus dem Fenster fällt ein Seil, dann klettert Iggi heraus, lässt sich am Seil herunter und landet gelenkig auf dem Vordach. Ich kann wieder ruhig atmen. Er wartet. Ich bete, dass jetzt keins der Mädchen von unserem Stockwerk auf die Toilette geht. Auch Iggi wartet ein paar Sekunden, um sicher zu sein, dass sich auf unserem Stockwerk niemand rührt.

Dann biegt er sich den Daumen um und lässt ihn knacken, und macht das mit jedem Finger, als hätte er in diesem aufregenden Moment auf dem Dach nichts Besseres zu tun. Plötzlich fürchte ich, dass sein Knacken gleich alle Mädchen an die Fenster holt. Eigentlich weiß ich ja, dass es ein ziemlich leises Geräusch ist, aber für mich klingt es jetzt furchtbar laut.

Endlich erscheint Jahli im Fenster. Er kommt mit dem Rücken zu uns aus dem Fenster und sucht mit den Füßen das Seil. Er bewegt sich langsam und ungelenk.

Einen Moment hängt er reglos in der Luft. Bloß gut, dass Iggi dort ist. Jahli ist, während er sich mit beiden Händen an das Seil klammert, wieder in seine Träume versunken, und Iggi nimmt seine Beine und erinnert ihn daran, dass er an einem Seil in der Luft hängt, und hilft ihm, sicher auf dem Dach zu landen. In Gedanken sehe ich Iggi mit den Seilen auf seinem Boot hantieren und die Segel hissen.

Das Runterrutschen an der Regenrinne geht schnell. Noch bevor Jahli begreift, was vor sich geht, hat Iggi ihn schon an die Regenrinne gehängt und nach unten geschickt.

Dann steht Iggi breitbeinig auf dem Dach, nimmt seine Pelzmütze ab und winkt uns. Er will uns zum Lachen bringen und hampelt rum wie ein Clown, der im nächsten Augenblick das Gleichgewicht verliert. Doch statt zurück in den dritten Stock zu klettern, stürmt er plötzlich auf die Regenrinne zu und braust wie ein Wirbelsturm an ihr herunter.

Ich werde nie wissen, ob Iggi von Anfang an plante mitzukommen, oder ob er sich dazu erst entschloss, als er uns vier da unten zu ihm hinaufblicken sah. Die Verlockung, ein bisschen frei rumzulaufen, war zu groß. Jedenfalls rennen wir los zum Eiswagen, der hinter der nächsten Werkstatt geparkt ist. Iggi rennt neben mir. Ich schaue geradeaus, geniere mich, auch nur in seine Richtung zu gucken.

Im Eiswagen sitzt Jahli in sich verkrampft und schaut mit unbewegtem Gesicht nach draußen. Die

Landschaft zieht an uns vorbei, und Jahli sitzt verschlossen wie ein Fremder unter uns, als ginge ihn die ganze Fahrt nichts an. Nur Iggi kennt Jahlis Verhalten, und er sieht nicht besorgt aus.

Kami bedrängt uns fast, aus dem Kühlfach ein Eis auszusuchen, aber vor lauter Aufregung könnte jetzt keiner von uns etwas essen. Nur Jahli hält ziemlich gleichgültig sein Eishörnchen, macht das Papier ab und beginnt dran zu lecken. Auf seinem Gesicht ist keine Freude zu erkennen. Dieser Junge leckt sein Eis, als ob man ihn dazu zwingt.

Becki bittet Kami, die Tonbandkassette mit der wunderwirkenden Musik zu spielen, aber wir wollen jetzt ja kein Eis verkaufen. Unser Ziel ist es, so schnell wie möglich zum Bahnhof zu gelangen. Becki fragt Kami, wie er zu dieser Musik für den Eiswagen gekommen sei. Ich sehe ihren erwartungsvollen Blick. Und auch eine leise Befürchtung, die sich in ihre Augenwinkel schleicht. Sie ist jetzt ein bisschen traurig, so wie an dem Tag, als sie mir erzählte, wie man sie im Maisfeld zurückgelassen hat.

Kami wirft ihr einen kurzen Blick zu, schaut dann gleich wieder auf die Straße, nach vorn. Als brauchte er einen Moment, um sich zu erinnern, woher er die Kassette hatte.

»Da kam mal ein Mann und wollte ein Eis«, erzählte Kami schließlich. »Er hatte kein Geld von hier, denn er war am selben Tag erst aus Bosnien angekommen, oder irgendwo aus der Gegend da. Ein

Flüchtling aus Bosnien. Und weil er kein Geld hatte, hat er sein Eis mit der Kassette bezahlt.«

Nach dieser Geschichte schweigen wir alle eine Weile. Beckis Blick wandert wieder nach draußen, weit weg, bis zum Horizont. Auch Iggi, sehe ich, versinkt in Gedanken. Bei Tageslicht sieht er viel bleicher und kindlicher aus.

Beim Bahnhof steigen wir alle aus. Nur Jahli bleibt wie versteinert sitzen. Er hört uns gar nicht, reagiert nicht auf unser Bitten und Drängen, er möge doch aussteigen.

»Er wird aussteigen, wenn er es will«, sagt Iggi, und wir nehmen es so an. Iggi weiß, wie man mit den ›Besonderen‹ umgehen muss. Er ist ja selber einer von ihnen.

Der Bahnhof ist völlig verlassen, sieht nicht so aus, als sei hier je ein Zug gefahren. Am einen Ende steht eine alte, rostige Lok. Ein junger Mann kehrt den Bahnsteig und schaut uns fragend an.

»Wann kommt der Zug?«, fragt ihn Kami.

»Der ist schon weg«, antwortet der Mann, »um sechs Uhr früh.«

»Dann warten wir auf den nächsten«, sagt Becki.

»Der nächste kommt erst morgen wieder«, sagt der Mann und fegt weiter, und einen Moment später sagt er, als wolle er sich entschuldigen: »Fährt eben nur einmal am Tag.« Ich muss an die vielen, vielen Geleise auf Jahlis Bild, das im Speisesaal hängt, denken, an die Eisenbahnen auf den Schienen und die vielen Menschen auf dem Bahnsteig. Wir warten und warten, doch Jahli will wohl nicht aussteigen. Vielleicht versteht er auch nicht, dass dieser ruhige Ort ein Bahnhof sein soll. Wir sitzen lange ratlos da, bis Kami eine Idee hat, aufsteht, zu dem fegenden Mann geht und mit ihm spricht. Die beiden reden ein paar Sätze auf Arabisch. Dann sagt uns Kami: »Ich versuche jetzt etwas. Ob es klappt, weiß ich nicht. Mit meiner Schwester Dschamila würde es klappen«, und er geht zum Eiswagen und sagt zu Jahli: »In der Lok warten sie auf dich. Die wollen losfahren.«

Jahli schaut ihn ungläubig an, doch in dem Moment, als Kami ihm die Eiswagenmütze aufsetzt, steigt er ohne Schwierigkeiten aus dem Auto und rennt direkt auf die verrostete Lokomotive zu, und als ihm der Mann, der vorher gekehrt hat, die quietschende Tür aufhält, klettert er ganz selbstverständlich hinein und setzt sich auf den Fahrersitz. Dann winkt er uns aus dem Fenster zu und sagt ganz ernst:

»Ich fahre nach Madrid! Ich fahre von Bayonne in Frankreich los, über Irún – Vitoria – Burgos – Valladolid – Segovia …«

Jeder Ort, den er nennt, lässt mich angenehm erschaudern, genauso, wie wenn Becki die Namen von den weit entfernten Städten aufzählt, an denen die Zigeuner auf ihrer Suche nach dem verlorenen Land vorbeiziehen. Auf diesem Bahnhof, mit Jahli, der die Stationen seiner Route ausruft, fühle ich mich genauso, wie wenn Becki in der fremden Sprache der

Opernsänger spricht, gemischt mit dem Russisch von Neueinwanderern.

Ich weiß nicht, warum, vielleicht weil so ein Bahnhof dich an alle Filme erinnert, die du je über Flucht, Spionage, Untergrundorganisationen und Verfolgungen gesehen hast, oder weil wir da auf dem leeren Bahnhof auf der Bank sitzen und warten, jedenfalls erzählt Iggi plötzlich, wie die ›Besonderen‹, denen man oft wirklich ansieht, wie schwierig sie sind – und von denen einige sogar überhaupt nicht sprechen –, in einer dunklen Nacht beschlossen haben, ›sich zu organisieren‹.

»Ihr wollt mir doch nicht erzählen, dass ihr nicht organisiert seid?«, fragt Iggi ganz erstaunt. »Wie kann man in so einem Heim leben, ohne organisiert zu sein?« Er ist so verblüfft, dass auch ich plötzlich nicht verstehe, warum die Mädchen auf unserem Stock noch nicht auf die Idee gekommen sind, sich gegen die Erzieher und die Heimleiterin zusammenzutun, statt immer nur untereinander zu streiten.

Becki war davon weniger beeindruckt als ich. Jedenfalls ließ sie sich nichts anmerken. Vielleicht dachte sie auch, dass der Bund zwischen ihr und mir und unsere Pläne zu der Asylfarm für Tiere fast das Gleiche waren wie ›sich organisieren‹, wahrscheinlich sogar mehr. Aber sie konnte nichts sagen, denn wir hatten uns geschworen, niemandem davon zu erzählen.

Wir saßen da auf dem menschenleeren Bahnsteig, und Iggi erzählte uns, wie sich die ›Besonderen‹ in ihrem ›Bund der Kriminellen‹ organisierten. Der sei zwar geheim, aber nur gegenüber der Heimleitung und den im Heim Bediensteten. Einmal in der Woche machen sie eine Versammlung, auf der Toilette oder auf dem Dach. Da fassen sie ihre Beschlüsse, an die sich dann alle halten müssen, weil darüber abgestimmt wurde. Alle stimmen mit ab. Und die, die nicht sprechen und nicht diskutieren, können ja wenigstens den Finger heben und so die Entscheidung mit beeinflussen.

Als Iggi zu Ende erzählt hatte, war es still. Als wäre jeder in seine Gedanken versunken. Ich dachte mir, dass ich noch nie einen Jungen so vernünftig und klug hatte reden hören. Ich wollte ihm sagen, dass ich ihm in der Nacht auf der Treppe zwar keine Antwort gegeben hatte, jetzt aber bereit sei, mit ihm aus dem Heim zu fliehen. Dass ich, ohne zweimal nachzudenken, mit ihm in jedes Land ziehen und sogar auf sein Schiff steigen würde – aber ich sagte nichts.

Ich weiß nicht, was Becki dachte, denn auch sie sagte kein Wort. Wie schon manches Mal, wenn sie Iggi sah oder ihm zuhörte, bekam sie ihren Wanderblick und zog in die Ferne, und dann begann sie ohne Vorankündigung von den schweren Zeiten der Zigeuner zu erzählen, wenn sie ihren Ort verlassen müssen.

Das passiert immer mitten in der Nacht. In einer pechschwarzen, mondlosen Nacht. Dann müssen die Zigeuner plötzlich aufstehen und wegziehen. Manchmal, weil die Jahreszeiten wechseln, und manchmal sagen ihnen auch die Behörden, sie müssten den Ort räumen.

Immer regnet es vor der Reise. Sie würden gern vor dem Aufbruch noch einen heißen Tee trinken, aber der Boden ist immer so schlammig, dass keiner glaubt, man könne darauf noch ein Feuer anzünden. Sie stehen auf, schirren die Tiere vor die Wagen, lassen die Autos an, und keiner sagt ein Wort.

Am schlimmsten ist das Dunkel, sagt Becki immer wieder. Man sieht gar nichts. Man versucht, die Zelte zusammenzupacken, die Decken zu verschnüren, wer hat, versteckt seinen Schmuck, aber man sieht nichts. Und man hat auch keine Zeit. Man muss ja sofort los.

Die ganze Reise über ist es dunkel. Wie eine dunkle Wüste sieht der Weg aus. Vor Müdigkeit fallen dir die Augen zu, und du suchst nach einem Funken Licht, nach einem Stern am Himmel. Die Augen würden so gern weiterschlafen. Sie würden so gern unter der Decke bleiben, die schon schön angewärmt war. Die kleinen Kinder weinen still, sind traurig, fühlen sich betrogen, und den Frauen fällt kein tröstendes Wort ein, das sie ihnen noch zuflüstern könnten.

Schnell hat man da ein Kind im Maisfeld vergessen, in so einer Nacht. Und auch, wenn man dich nicht vergisst, wirst du dich dein Leben lang an diese Nächte erinnern. Du ziehst durch eine lange, dunkle Wüste. Als hätte man auf der ganzen Welt die Lichter ausgemacht. Die andern Menschen schlafen. Keiner will wissen, was mit den Zigeunern passiert. Wenn man auf der nächtlichen Wanderschaft an einem Ort, wo Menschen leben, vorbeikommt, dann nur von weitem. Nur ein paar Lichter flimmern im Dunkel.

Als Becki dieses Wort ›flimmern‹ sagt, kriege ich eine Gänsehaut, obwohl ich gar nicht genau weiß, warum es mir so Angst macht.

Nicht weit entfernt ist das Rauschen eines Wasserfalls zu hören, doch die Tiere riechen vor lauter Aufregung und Ungeduld die Luft nicht. Die Frauen trommeln nicht auf den Tamburinen, klappern auch nicht mit ihren Kastagnetten. Bei einer kurzen Rast unterwegs drücken sich die Kinder fest aneinander und warten, dass es endlich jemandem gelingt, das erste Feuer zu entfachen. Keiner rollt seinen Teppich auf der lehmigen Erde aus. In dem feuchten Dunkel, unter niedrigen, sich jagenden Wolken, kann man nur auf den neuen Morgen warten. Auf die Sonnenstrahlen, die die Luft etwas erwärmen und die Erde wieder trocknen.

Die Erwachsenen hocken zerstreut auf größeren Steinen. Die Kinder klettern wieder in die Autos und Wagen und versuchen, zwischen Bündeln und Kisten einzuschlafen. Die ganze Nacht hören sie Schritte auf dem Lehmboden voller Pfützen. Ein alter Zigeuner, der erst gar nicht vom Wagen gestiegen ist, sitzt zwischen zwei Ziegen und spielt auf der Geige. Seine Melodie klingt wie das leise Weinen eines Kindes.

Plötzlich, ich weiß nicht, wie es kam, gingen wir alle

hinter Kami her. Becki, Iggi und ich, und auch Jahli trottete mit. Kami führte uns zu dem Feld hinter dem Bahnhof, zu dem Dorf, wo sein Großvater gelebt und sein Vater als Kind noch gespielt hatte.

»Einmal im Jahr kommen wir hierher, unser Dorf besuchen«, erklärt Kami, »wenn wir es schaffen, für die ganze Familie die Erlaubnis zu bekommen, den Gazastreifen zu verlassen. Seht ihr hier?«

Ich sehe gar nichts.

Ich laufe Kami, Becki und Iggi hinterher, die alle barfuß sind, und sehe kein Dorf.

Ich sehe nur ein paar Bäume. Hier und da eine Ruine, halb versunken zwischen wilden Dornen und hohem Gras.

»Hier war der Brunnen«, sagt Kami und hält die Äste eines dornigen Busches zur Seite. Wir sehen ein gemauertes Loch, das mit Steinen aufgefüllt ist. Kami holt nacheinander die Steine aus der Öffnung des Brunnens, gibt sie Iggi und der wirft sie etwas weiter weg. Dann streckt Kami die Hand tief hinein und zieht mit zwei Fingern einen kleinen feuchten Zweig Ysop hervor.

Ich verstehe nicht, warum Kami sich so freut, als er uns seine feuchten Finger zeigt. Becki guckt, als verstünde sie, was er meint. Sie lächelt genauso erstaunt wie er. Vielleicht staunt sie, dass in den verlassenen Brunnen von irgendwoher unter der Erde noch immer Wasser einsickert. Dieses Wasser wartet auf die Zigeuner, die vielleicht eines Abends hier lagern werden, ihr

Feuer entzünden, Tee kochen wollen, die Kinder waschen, Pferde und Ziegen tränken und vielleicht ein paar Bäume pflanzen.

Wir hüpfen alle hinter Kami her, zwischen den hohen Gräsern und Dornen, und sind jetzt alle freie Zigeuner, frei dem Wind und der Sonne ausgesetzt, Gesellen ohne Zuhause und ohne Vaterland.

Hinter einer hohen Hecke von Kaktusfeigen entdecken wir einen Granatapfelbaum. Kami reißt mit den Händen die hochgeschossenen Gräser aus und geht näher an den Baum heran. An einigen Ästen knospen die ersten Blätter. Hinter dem Baum sehe ich eine Ruine. Ein paar solche habe ich auch schon zwischen den Werkstätten und den Gewächshäusern gesehen.

Kami hätte aus dem Fenster des Hauses nur die Hand ausstrecken zu brauchen und Granatäpfel pflücken können.

Er bückt sich und hebt einen Granatapfel vom letzten Sommer auf. Die Schale ist ganz vertrocknet und hohl, hat aber die Form des Granatapfels behalten, ist nur zusammengeschrumpft und ganz dunkel geworden.

»Guckt mal, wie mein Großvater«, sagt Kami und hebt den Granatapfel hoch, dass ihn jeder sehen kann, auch ich und auch Jahli, der etwas weiter entfernt hinter einem Dornenstrauch stehen geblieben ist. »Mein Großvater ist genauso verschrumpelt, und er verliert mit den Jahren auch die Erinnerung. Er weiß abends schon nicht mehr, was er zum Frühstück gegessen hat«, sagt Kami lächelnd. »Nur an das Haus und an die Bäume erinnert er sich noch, als hätte er sie erst gestern verlassen«, und er dreht den Granatapfel vorsichtig in beiden Händen, damit er nicht kaputtgeht.

Auf der Rückfahrt essen wir jeder schweigend ein Eis. Kami macht den Kassettenrekorder an, und die Zaubermusik des Bosniers schallt über die Felder. Jahli sitzt auf demselben Platz am Fenster wie auf dem Hinweg. Aber jetzt spiegelt sich die vorbeiziehende Landschaft in seinen Augen. Die fliehenden Strommasten. Die in die Ferne ziehenden Bäume, die Wolken am Himmel. Die letzten Sonnenstrahlen, bevor es dunkel wird.

18

Als wir uns dem Heim näherten, stand Schosch schon auf dem Balkon und hielt nach uns Ausschau. Wir hatten uns zuvor von Kami und dem Eiswagen verabschiedet, Iggi und Jahli waren bereits von der Seite des Hofs zurück ins Heim in ihr Stockwerk geklettert. Ich überlegte mir, dass Iggi Mirkin jetzt mit Leichtigkeit hätte abhauen können, doch ich konnte nicht weiterdenken. Wir gingen genau auf Schosch zu, Becki und ich, wie zwei Gefangene auf dem Weg zum Gericht.

Becki schlüpfte im Vorbeigehen am Sandkasten noch schnell in ihre Schuhe. Sie wollte keine Zeit verlieren und sie nicht unter Schoschs Blicken zubinden, und so wackelte sie wie ein hinkendes Huhn neben mir her.

Ich versuchte, im Kopf die von Becki empfohlenen Ausreden zu wiederholen, die uns schon manches Mal gerettet hatten, wie ›Wir haben draußen eine Runde gedreht‹ oder ›Wir wollten uns ja nur ein bisschen die Füße vertreten‹, doch plötzlich fand ich sie nicht mehr sehr überzeugend. Ich verstand nicht, was mich früher an ihnen so begeistert hatte.

Wahrscheinlich hatte Schosch mit Tirza telefoniert und war sofort ins Heim gekommen. Die große Frage, die uns erwartete, war, woher plötzlich so ein Onkel aufgetaucht war, der bisher noch nie ein Lebenszeichen von sich gegeben hatte. Darauf mussten wir blitzschnell eine Antwort finden. »Wo hast du plötzlich diesen Onkel her?«, flüsterte ich Becki zu, damit sie sich auf Schoschs Angriff vorbereiten konnte. Becki antwortete nicht. Sie war wieder in Gedanken, vielleicht kletterte sie dort, in Kamis verlorenem Dorf, barfuß zwischen den Dornensträuchern herum.

Bis heute weiß ich nicht, ob Schosch uns mit Absicht so lange schmoren ließ, oder ob sie in Gedanken schon mit uns fertig war, so wie die Lehrerin Aviva mit mir, als sie mich auf dem Schulhof mit dem Taschenmesser erwischte. Jedenfalls empfing Schosch uns weder mit einer Standpauke noch mit einer Bußpredigt oder mit Sprichworten.

Während des Mittagessens ging sie einige Male durch den Speisesaal, kam aber nie an unseren Tisch. Fast, als beachtete sie uns mit Absicht nicht. Dieses Schweigen hatte etwas Unheimliches. Wie wenn du genau weißt, dass dir jemand eine reinwürgen wird, und du wartest und wartest die ganze Zeit, wann es kommt.

Schoschs Hinterlist war schlimmer als ihre Grausamkeiten. Das stellten wir in jener Nacht fest. Wir hatten in der letzten Zeit erwogen, sie von der Liste der ›erbärmlichen Knechte‹ auf die der ›allerscheußlichsten Typen‹ zu setzen, aber das war jetzt nicht mehr begründet. Die ganze Zeit schwebte etwas Furchterregendes über uns, vielleicht war es eine neue Strafe, die Schosch sich in den kalten Winternächten, als es für sie nichts zu tun gab, ausgedacht hatte.

Nach dem Lichterlöschen begann Elischewa den Inhalt ihres Vorratslagers auf dem Nachttisch zu ordnen. Zwei Scheiben Brot, fünf Oliven und eine Apfelsine. Wenn wir auf Elischewas Nachttisch eine Apfelsine sahen, wussten wir, dass es eine lange Nacht wurde, denn an der konnte sie sich stundenlang zu schaffen machen.

Zuerst bohrt sie ein Loch hinein und saugt, ohne sie vorher zu schälen, den Inhalt der Frucht durch das Loch. Da kannst du lange warten. So eine Apfelsine wird einfach nicht leer. Elischewa saugt sie bis zum letzten Tropfen aus, auch die Kerne, die sie in ihre Schublade spuckt – und wenn sie dann endlich alles ausgesaugt hat, geniert sie sich nicht, die innere weiße Schicht der Schale abzukratzen und wie Kaugummi zu kauen.

Elischewa hatte ihren Futtervorrat auf dem Nachttisch ausgelegt und noch nichts davon angerührt. Noch nicht einmal eine Olive. Sie setzte sich auf ihre Decke und räusperte sich so lange, bis wir sie alle anschauten. Das mochte sie besonders gern. Dann redete sie mit uns wie eine Lehrerin:

»Stellt euch vor, ich habe eine brandneue Information für euch.«

Liat musste Elischewa das Spiel verderben und äffte sie nach:

»Und zwaaar …« Dabei räusperte sie sich und hüstelte wie Elischewa.

»Ich weiß etwas Neues, was ihr noch nie gehört habt«, flüsterte Elischewa mit verführerischer Stimme. »Eine Supererfindung aus dem Land der Erfindungen.«

»Wunderbar«, stöhnte Liat, »jetzt werde ich wegen dir nicht schlafen können. Schon die ganzen letzten Nächte habe ich wegen deinem Geknabber unter der Decke kein Auge zugetan.«

»Hör auf mit deinem Gift«, sagte Sigalit Marsel nervös; sie verging fast vor Spannung und Neugier.

»Wenn nicht, dann nicht!«, sagte Elischewa, steckte eine Olive in den Mund und lutschte sie hingebungsvoll.

»Jetzt erzähl schon«, bat Ronit oder Chagit, »was denn für eine Erfindung?«

»Soll ich nun erzählen oder nicht?«, fragte Elischewa gelangweilt. Und wenn du sie nicht kanntest, hättest du geschworen, dass sie die Sache schon aufgegeben hatte.

Jetzt schwiegen wir alle. Elischewa spuckte den Olivenkern aus, auch ihn direkt in ihre Schublade, und schaute uns fragend an:

»Die ganze Erfindung ist im Grunde nur ein kleines Sternchen«, sagte sie, nahm noch eine Olive und wartete, dass wir sie mit Fragen bestürmten. Aber keine von uns wollte ihr diesen Gefallen tun. Es war stickig, Mücken kreisten sirrend über unseren Köpfen. Im Zimmer stand die Luft, und wir lagen wie leblos auf den Betten.

»Also los.« Sigalit versuchte, sie anzutreiben.

Das war ein großer Fehler. Wenn man Elischewa drängte, hatte sie plötzlich alle Zeit der Welt.

»Vielleicht hat eine von euch einen Keks für mich?«, fragte sie mit schmeichelnder Stimme.

»Alle Kekse, die ich von meiner Pflegefamilie mitgebracht habe, hast du schon aufgegessen«, murrte Sigalit.

»Ich habe noch ein Lakritz«, sagte Liat aus dem Dunkel.

»Das schwarze Zeug, das einem auf der Zunge brennt?« Jetzt kam Elischewa in Fahrt. »Damit kannst du jemand anderen vergiften. Nein, danke!«

Nun schien es wirklich, als würden wir in dieser Nacht nicht mehr erfahren, was es mit dem Sternchen auf sich hatte. Wir malten uns aus, was wir wohl verpasst hatten. Elischewa wartete einige lange Augenblicke. Sie spürte die Neugier der Mädchen in der Luft. Diese Spannung durfte sie nicht vergeuden, darauf wollte sie nicht verzichten.

»Also, ihr Lieben«, verkündete sie schließlich, als täte sie uns einen großen Gefallen, »ich habe heute Abend ein Gespräch zwischen Schosch und Tirza im Büro mitgehört. Ihr könnt euch Folgendes aufschreiben: Ein Mädchen, das auf der Liste für die Chirbe steht und auch noch ein Sternchen an ihrem Namen hat, ist ab heute, bis es neuere Anweisungen gibt, ›eingeschränkt‹.«

»Und was heißt das?«, fragte Liat schockiert. Jetzt war sie hellwach.

»Das ist alles«, antwortete Elischewa. »Hat eine von euch vielleicht einen Bleistift?«

Es war die Zeit gekommen, die Apfelsine anzustechen; alle kruschelten in ihren Schubladen, denn ohne Bleistift würde Elischewa nicht weitererzählen. Schließlich fanden wir unter ihrem Bett einen Bleistiftstummel für sie.

Elischewa stach in die Orange und sagte: »Die Beschränkungen gelten auf allen Gebieten: keine Fahrten mehr nach Hause, Hausarrest und Wochenendarrest, Strafarbeiten – das hat Schosch gesagt.«

»Und was sagt Tirza dazu?«, fragte Sigalit.

»Die hat natürlich zugestimmt«, verkündete Elischewa so siegesfroh, als sei dieses Sternchen ihre eigene Idee gewesen.

»Das ist ja wie Gefängnis«, sagte Sigalit, »Gefängnis, genau. Wie der Knast in Ramle.«

Liat sprang auf: »Woher kennst du dich denn da aus?«

Sigalit verstummte. Vielleicht war ihr Vater ja im Gefängnis und gar nicht in Amerika.

Elischewa hatte ein Loch in die Orange gestochen und saugte wie ein Baby. Sie setzte nur einen Moment ab, um noch eine brandneue Information loszuwerden.

»Und das Schlimmste ist, dass man mit so einem Sternchen nie mehr, nie und nimmermehr von der Warteliste für die Chirbe runterkommt.« In die Stille, die sich ausbreitete, sagte sie dann, als füge sie nur noch etwas Nebensächliches hinzu: »Übrigens, seit heute hat Becki Wasana ein Sternchen.«

Jetzt redeten alle durcheinander. Ich spürte es wie einen Stich im Herzen. Wie konnten sie uns das antun? Ihr ein Sternchen geben und mir nicht, wo wir doch zusammen weggegangen waren. Es war ganz klar, sie wollten uns auseinander bringen, und das schrie zum Himmel.

Becki sagte nichts. Sie lag in ihrem Bett unter der Decke. Sie legte ihre Kleider nicht zusammen und machte auch keine Abendgymnastik. Vielleicht kamen ihr finstere Gedanken über das Sternchen, das sie an ihren Namen gemacht hatten. Aber wie ich Becki kannte, ließ sie sich diesen wunderschönen Tag nicht von so einem blöden Sternchen verderben.

Wir schliefen langsam ein, trotz der stickigen Luft und der Mücken. Vorher lauschte ich noch der Stille draußen. Außer den Grillen war nichts zu hören. Jahli hatte aufgehört zu jaulen.

19

Einige Wochen nach unserer Fahrt mit dem Eiswagen spielte uns einer der ›Besonderen‹ eine neue Information zu. Jemand sagte Elischewa durch das Rohr im Badezimmer, Iggi Mirkin habe sich abgesetzt.

Die Nachricht verbreitete sich wie ein Lauffeuer im Heim. Es gab ein ziemliches Durcheinander. Die Polizei kam und versuchte, wenigstens einen winzigen Hinweis aus den ›Besonderen‹ herauszubekommen, um Iggi auf die Spur zu kommen. Aber niemand von ihnen machte den Mund auf.

Becki und ich wussten, dass sie schweigen würden. Sie waren doch alle in dem ›Bund der Kriminellen‹ organisiert und hatten sich geschworen, die Geheimnisse jedes Einzelnen nicht zu verraten, egal was man ihnen antun würde. Und ich meine jetzt nicht diejenigen, die sowieso nie den Mund aufmachten.

Beim Frühstück schnüffelte Schosch zwischen den Tischen herum, ob eine von uns einen Hinweis auf Iggis Fluchtweg aus dem Heim geben könne, wie sie es nannte. Die Mädchen schwatzten aufgeregt miteinander und kamen auf alle möglichen Ideen. Nur Becki saß mir gegenüber und schaute durch Schosch hindurch, als wäre sie gar nicht da. Als Schosch weiterging, schlossen wir die Augen und flüsterten dreimal: »Schwarze Hügel in mondloser Nacht«. Wir wussten zwar nicht, wohin Iggi, der Problematische, geflohen war, aber sicher war sicher. Das hätte uns gerade noch gefehlt, ein Mitglied vom ›Bund der Kriminellen‹ zu verpfeifen.

Abends, bevor ich einschlief, dachte ich an Iggi. Er hatte den ganzen Winter über auf den Frühling gewartet, und als das Pessachfest näher rückte, war er getürmt und in die Freiheit gezogen, um wieder durchs Land zu streifen. Es war eine traurige Nacht für mich. Mir vorzustellen, dass er sich vielleicht gerade ein Lager aus alten Zeitungen zurechtmachte und sich in der Ecke eines gottverlassenen Stadtparks schlafen legte. Wäre Becki nicht wach gewesen, ich hätte am offenen Fenster geweint. Unter dem Himmel, in dem die Sterne so ruhig blinkten, als schliefe in dieser Nacht jedes Kind in einem Bett mit Laken und Kopfkissen.

Becki lag im Bett neben mir, schaute, genau wie ich, in die dunkle Nacht hinaus und summte ihr Zigeunerlied. Es war ein Lied ohne Worte. Alles, was wir diese Nacht hatten, war seine einsame Melodie.

Diese Melodie machte mich noch trauriger, und um die düstere Stimmung etwas zu vertreiben, erinnerte ich mich zum tausendsten Mal, wie Iggi an seinem ersten Tag im Heim zwischen den zwei Polizisten die lange Treppe hinaufgegangen war, wie er sich oben umgedreht und halb spöttisch, halb erheitert gelächelt hatte. Das tröstete mich ein bisschen.

Der Gedanke, Iggi vielleicht nie mehr wieder zu sehen, war so spät in der Nacht zu traurig. Deshalb stellte ich mir vor, ihm eines schönen Tages wieder zu begegnen. Ich würde an einem Strand entlanggehen und plötzlich im Dunkel eine kleine blinkende Lampe bemerken.

Es gibt Leute, die sind dir aus dem Kopf, sobald du sie nicht mehr siehst, aber es gibt andere, ein paar wenige, ganz besondere, von denen du sicher weißt, dass sie nicht für immer aus deinem Leben verschwunden sind. Du spürst, du musst etwas tun, damit etwas von ihnen bleibt. Dass sich die Erinnerung an sie nicht verwischt. Ich war schon dabei, einzuschlafen, doch ich kämpfte gegen den Schlaf. Ich dachte die ganze Zeit daran, was wohl passieren würde, wenn ich bei meinem Spaziergang am Strand nicht aufmerksam genug wäre und diese einzige Chance, Iggi wieder zu sehen, verpasste.

Da kam mir eine Idee: Wir könnten Iggi in die Liste der ›Wunderbaren‹ aufnehmen. Aber was ich mir auch überlegte, ich wusste nicht, wie ich Becki das vorschlagen sollte, denn wir hatten ja noch nie jemanden in unsere Liste der ›Wunderbaren‹ aufgenommen. Zumindest keinen Zweibeiner.

Du kannst ab und zu netten Kindern und sogar sympathischen Erwachsenen begegnen, aber jemanden, der wirklich ›wunderbar‹ ist, triffst du nicht einfach so auf der Straße. Womöglich ist es jemand, der dein Leben verändert. Jemand, bei dem du weißt, dass dein Leben, nachdem du ihm begegnet bist, nicht mehr so sein wird wie früher.

Ja, ich spürte, dass Iggi Mirkin mein Leben verändert hatte. Aber ich hatte keinen Beweis dafür. Und außerdem genierte ich mich, es Becki zu sagen.

So lag ich eine ganze Weile mit meinen Gedanken da, bis ich sah, dass auch Becki besonders still und nachdenklich war. Jetzt fiel mir auf, dass sie heute Abend ihre Kleider nicht zusammengelegt und auch keine Abendgymnastik gemacht hatte.

»Gehst du heute Nacht nicht zu Kami?«, flüsterte ich zu ihrem Bett hinüber.

»Kami ist nach Gaza gefahren«, antwortete Becki aus dem Dunkel, »sein Vater ist krank.« Sie setzte sich auf und schaute erst prüfend zu den Betten der anderen Mädchen, ob sie auch tatsächlich schliefen, lauschte, ob unter Elischewas Decke kein Saugen oder Knabbern zu hören war. Dann sagte sie: »Auch wenn sein Vater wieder gesund wird – arbeiten wird er nicht mehr können. Ab jetzt muss Kami seine ganze Familie versorgen.«

20

Einige Tage nach Iggis Flucht wachte ich morgens sehr früh auf. Die Mädchen schliefen noch. Doch Becki Wasanas Bett war leer. Ich verstand nicht, wo sie hingegangen sein konnte, denn seit Kami zu seinem Vater nach Gaza gefahren war, ging sie nachts nicht mehr weg.

Ich wälzte mich im Bett und überlegte, was ich Tirza sagen sollte, wenn sie uns gleich wecken kam, und fand keine gute Ausrede. Ich konnte ihr so früh am Morgen schlecht sagen, dass Becki etwas Luft schnappen war, wo man sie sonst um diese Uhrzeit kaum aus den Federn bekam.

Ich lag da und dachte nach. Aber außer Tirza wieder von der Liste der ›erbärmlichen Knechte‹ zu nehmen und auf die der ›allerscheußlichsten Typen‹ zu setzen, konnte ich nichts gegen sie tun, ihr schrilles Wecken würde in ein paar Minuten über uns hereinbrechen.

In diesem Moment hörte ich Stimmen vom Hof. Durchs Fenster sah ich Kami. Er saß auf der Schaukel und schaukelte leicht, mit den Beinen auf dem Boden.

Becki stand neben der Schaukel und sah ihn an. Sehr ernst. Beide schwiegen, als hätten sie sich schon gesagt, was es zu sagen gab. So blieben sie einige lange Augenblicke, bis Kami aufstand und den Anhänger, den er immer um den Hals trug, abnahm. Er legte ihn Becki in die Hand und schloss ihre Finger darüber, als ob sie nicht nachsehen sollte, was er ihr da gegeben hatte. Dann drehte er sich um und ging, und Becki blieb allein stehen. Ihre nackten Füße spielten mit dem Sand. Sie schaute ihm nach, bis er hinter den Autowerkstätten verschwand.

Den ganzen Tag fand ich keine Gelegenheit, mit Becki ein Wort zu wechseln. Wegen dem Weißeln hatten sie uns wieder zum Frondienst verpflichtet, und wir schleppten von morgens bis abends Tische und Stühle auf den Balkon und verpackten die Töpfe und alles Geschirr in große Kisten.

Wir waren natürlich manchmal ein paar Momente nur zu zweit, hätten auch für einige Minuten auf die Toilette gehen und dort reden können, doch selbst wenn wir zusammen allein waren, merkte ich, dass Becki die ganze Zeit meinen Blicken auswich.

Wenn sie das tat, wusste ich, dass sie gerade etwas Schlimmes durchmachte. Da konntest du nur abwarten. Denn Becki bat dich stumm, sie in Ruhe zu lassen. Sie war nicht wütend auf dich, stieß dich auch nicht weg. Sie musste dann einfach mit sich allein sein. Vielleicht hatte sie das noch von früher, als sie mit vier Jahren barfuß im Maisfeld zurückgelassen worden war.

Vielleicht ist das bei den Zigeunern so, dass sie manchmal lachend am Lagerfeuer sitzen, das Tamburin in die Luft werfen und trommeln, essen und trinken, und doch trägt jeder ganz tief in seinem Herzen das verlorene Land. Es gibt vielleicht einfach Momente, da müssen sie traurig sein und vergehen vor Sehnsucht.

Erst nach einigen Nächten, in denen wir nicht miteinander sprachen, kam Becki, als alle schliefen, in mein Bett gekrochen. Sie zog den Anhänger aus ihrer Pyjamajacke und klappte den viereckigen Deckel auf, zündete ein Streichholz an, und im flackernden Licht sah ich das Gesicht eines kleinen Mädchens. Zwei dunkle, weiche Augen blickten staunend und etwas besorgt in die Welt. Auch Becki schaute mich jetzt so an. Ohne zu lächeln. Es war schon spät. Becki legte sich hin und ließ den Kopf ins Kissen sinken, ganz dicht neben meinem Kopf, und wir verfolgten beide die Schatten, die an der Decke entlangzogen.

»Sie haben ihm gekündigt«, sagte sie.

»Warum?«, fragte ich.

»Weil er nach Gaza gefahren ist, sich um seinen Vater kümmern. Da haben sie seine Arbeit jemand anderem gegeben.«

Sie klang nicht wütend, noch nicht einmal traurig. Sie sprach, als wolle sie mir nur kurz berichten, was geschehen war, und nicht lange bei dem verweilen, was man sowieso nicht mehr ändern konnte. Im selben Ton sagte sie, fast trocken: »Das Schlimme ist, dass sein Vater auch nicht mehr arbeitet. Kami weiß nicht, wann er wieder eine Arbeit findet, und sie wollen ihm auch keine neue Erlaubnis geben, zur Arbeit aus dem Gazastreifen rauszufahren.«

Was sie sagte, klang für mich fremd und weit weg. Ich verstand nicht, ob Kami deshalb aufhören würde, ihr Vater zu sein. Ich hoffte sehr, dass er es durch irgendein Wunder bleiben könnte. An der Art, wie Becki den Anhänger auf- und zuklappte, sah ich, dass sie selber eine Hoffnung suchte, an die sie sich klammern konnte. Ich wollte fragen, warum er keine Arbeit fand, warum er eine Erlaubnis brauchte, um den Gazastreifen zu verlassen, und warum sein Vater, auch wenn er wieder gesund wäre, nicht mehr arbeiten gehen konnte. Aber ich wusste nicht, womit ich anfangen sollte.

Plötzlich erinnerte ich mich an den Satz, den Becki vor einigen Nächten gesagt hatte:

»Das ist jetzt ernst, Talia.«

Da standen so große Dinge zwischen Becki und ihrem Vater, die man nicht verstehen konnte, dachte ich mir, und sogar Becki Wasana, die sonst mit allem fertig wurde, kam jetzt durcheinander und ging verloren. Weder Abendgymnastik noch die Listen der ›allerscheußlichsten Typen‹, der ›erbärmlichen Knechte‹ und noch nicht einmal die der ›Wunderbaren‹ konnten Becki jetzt noch helfen.

In der letzten Woche vor dem Sederabend des Pessachfests strichen die Maler alle Zimmer des Heims.

Wir aßen draußen im Hof und schliefen im Zeichenraum; man führte uns zu vielen ›Zooausläufen‹, doch all das half nicht, Beckis Sorgen zu zerstreuen.

An einem Morgen sah ich sie unter dem Wasserstrahl in der Dusche stehen. Sie rührte sich nicht, hatte die Augen weit aufgerissen und zwinkerte noch nicht einmal. Einen Moment dachte ich, sie weine, aber ich konnte nicht erkennen, ob es Tränen waren, die ihr übers Gesicht rollten, oder das Wasser aus der Dusche. Wenn eine Waise eine andere Waise trifft, haben wir im Heim immer gesagt, erkennen sie sich sofort. Ohne ein Wort zu sagen. Auch eine ›Schwierige‹ erkennt eine Waise sofort, dachte ich mir, als ich Becki so unter der Dusche sah. Vielleicht weil auch ich schon nicht mehr an meine wahren Eltern glaubte, nachdem sie so lange kein Lebenszeichen von sich gegeben hatten.

21

Zwei Tage vor dem Sederabend, als wir mit Schimon und Tirza zu einem unserer ›Zooausläufe‹ gehen sollten, hörten wir plötzlich mehrere laute Schüsse von der Fußgängerzone her.

Schosch, die Heimleiterin, hielt uns gerade noch am Tor auf und rief bei der Polizei an, was passiert sei. Unser Ausflug wurde immer wieder verschoben, schließlich ganz abgesagt, und stattdessen beschlossen unsere Erzieher, im Hof ein Picknick mit Würstchenessen zu machen.

Es wurde dunkel. Wir saßen im Hof, aßen die Würstchen, die sie uns aus der Küche herunterbrachten, und hörten die Sirenen der Polizei- und Krankenwagen. Chagit und Ronit stritten die ganze Zeit und zwickten sich, und Elischewa kam nicht über die Falaffel weg, die ihr entgangen war.

Ich sah, wie Becki still das Fladenbrot mit dem Würstchen kaute. Ich hätte schwören können, dass sie an die verbrannten Würstchen von Kami dachte, an den Geruch des Lagerfeuers, der sich mit dem Nelkenduft aus den Gewächshäusern mischte.

Mir fiel es mit jedem Moment schwerer, zu schlucken. Etwas zog mir die Kehle zu und ließ nichts mehr durch.

Noch bevor Tirza mit Obst und selbst gebackenem Kuchen kam, war Becki wortlos hochgegangen. Ich sah sie vom Hof aus oben auf der Fensterbank sitzen. Sie schaute nicht in den Hof, sondern in Richtung der Lichter des Ladenzentrums, von wo man ab und zu etwas hörte. Als wir ins Zimmer kamen, lag Becki schon unter der Decke. Sie rührte sich nicht, vielleicht schlief sie sogar schon. Als ich mich hinlegte, hob sie den Kopf und drehte sich zur Wand.

Am nächsten Morgen legte Schimon die Zeitung aufgeschlagen ans Ende des Tisches. Alle konnten die Bilder der Toten und der Verletzten von gestern im Ladenzentrum sehen. Unter den Bildern stand in riesigen Buchstaben: »Zwei Tote und fünf Verletzte« und darunter, in kleineren Buchstaben: »Der Terrorist schoss mit einem Maschinengewehr, das er einem Soldaten an der Bushaltestelle entrissen hatte. Ein Sicherheitsbeamter richtete seine Dienstpistole auf ihn und tötete ihn sofort.« Unten auf der Seite war noch ein kleines Bild von einem jungen Mann. Darunter stand in winzigen Buchstaben: »Der Mörder – Kamal Nasser Abu-Jichja«. Als ich mich hinunterbeugte, um mir das Bild aus der Nähe anzuschauen, sah mich Kami an.

Auf einem anderen Bild auf der zweiten Seite waren ein paar niedrige Häuser mit Wellblechdächern, die eng zusammenstanden. Das war wohl der Ort, wo Kami lebte. Unter dem Bild stand »Flüchtlingslager« und davor noch ein Wort, das ich mir nicht merken konnte. Alles war ziemlich verschwommen, bis auf ein kleines, barfüßiges Mädchen. Das saß im Vordergrund des Bildes auf der Erde. Diese Kleine hatte der Fotograf wohl festhalten wollen, vielleicht hatte er ihr sogar etwas gesagt, denn ihr Mund stand staunend offen, und die dunklen, weichen Augen, die ich schon gesehen hatte, schauten besorgt in die Kamera.

Die Zeitung ging von Hand zu Hand. Da kam Becki aus der Dusche. Alle sagten, was für ein Glück wir gehabt hätten, dass wir später als gewohnt hatten losgehen wollen. Danach erzählte jede, was für ein Glück sie in ihrem Leben schon gehabt hatte, wie sie einmal fast in ein Unglück geraten war und so weiter. Und in all der Aufregung vergaß Elischewa nicht, die Sardinen von unseren Tellern einzusammeln und auf ihren zu häufen.

Ich schaute sie an, wie sie mit dem Messer eine Sardine platt zu drücken versuchte, um sie aufs Brot zu legen, und dabei den Kopf zur Zeitung vorstreckte. Wahrscheinlich sah sie genauso aus, wenn sie sich nachts in Schoschs Büro über die Akten beugte, um da neue Informationen zu finden.

»Guckt mal«, sagte Elischewa plötzlich mit einem merkwürdigen Lächeln, »hier ist das kleine Mädchen, das Becki Wasana in ihrem Anhänger um den Hals trägt.«

Es war, als hörten die überall plappernden Mädchen gar nicht, was sie sagte. Ich schaute zu Becki. Sie hatte aufgehört, ihre Gurke zu schälen, und saß wie versteinert da. Die Farbe wich aus ihrem Gesicht. Keines der Mädchen bekam mit, was passierte. Nur Elischewa schaute Becki an, wedelte dann noch entschiedener mit der Zeitung zu Schimon hinüber und sagte:

»Schimon, sag Becki, sie soll ihren Anhänger zeigen.«

Schimon, der gerade seinen Schlüssel suchte, fuhr mit den Händen nacheinander in alle seine Hosentaschen.

»Hat eine von euch vielleicht meinen Schlüssel gesehen?«, fragte er ratlos.

Elischewa stand auf und hielt Schimon die Zeitung unter die Nase. Sie rief aufgeregt: »Schimon, die Becki Wasana hat genau dieses Mädchen in ihrem Anhänger.«

»Was ist denn los?«, fragte Schimon zerstreut.

»Sie hat einen Anhänger, die Becki Wasana. Den versteckt sie immer in ihrem Hemd. Sag ihr, sag ihr, sie soll das Bild da drin zeigen!«

Jetzt brach das allgemeine Geplapper ab. Alle starrten Becki an.

Auch Schimon schaute Becki durch seine dicken Brillengläser an. Schweißperlen traten ihm auf die Stirn. Als er sein Taschentuch herausholte, fielen die Schlüssel zu Boden. Aber Schimon war so durcheinander, dass er noch nicht einmal merkte, wie Sigalit Marsel sie aufhob und ihm hinhielt. Er steckte sie in die Tasche, grummelte etwas wie »Danke« und richtete seinen Blick auf das große Fenster im Speisesaal.

»Sag ihr's«, forderte Elischewa, der Wurm, wieder.

In diesem Moment stand Becki auf und rannte aus dem Speisesaal.

22

Drei ganze Tage kam Becki nicht vom Dach.

Nach dem Frühstück hatte man sie einige Stunden in allen Zimmern und im Hof gesucht, die ganze umliegende Gegend durchkämmt. Alle waren sich sicher, dass sie abgehauen war. Erst gegen Abend entdeckte sie einer der ›Besonderen‹ auf dem Dach, und das machte sofort die Runde. Schosch, und nach ihr die Erzieher, stiegen nacheinander aufs Dach und versuchten, sie zu überreden, runterzukommen. Sie erreichten nichts.

Nachmittags rief Schosch uns zusammen und bat, dass wir uns leise beschäftigten und in den Zimmern blieben. Mich rief sie ins Büro und setzte mich auf ihren Drehstuhl, den Stuhl, wo sie immer ihre ›Opfer‹ hinsetzte. Elischewa, der Wurm, hat das erzählt, sie hat schon einige Male dort sitzen müssen.

Schosch selbst setzte sich nicht. Sie ging im Zimmer auf und ab, als würde sie, wenn sie sich hinsetzte, explodieren.

»Erzähl mir alles, was du weißt, Talia«, sagte Schosch, und ihre Stimme war trocken wie Baumrinde.

Ich sagte im Stillen dreimal ›Schwarze Hügel in

mondloser Nacht‹, machte aber die Augen dabei nicht zu. Schosch sollte nicht denken, sie könne meinen Willen brechen. Stattdessen schaute ich aus dem Fenster, um ihrem Blick nicht zu begegnen. ›Kein Stern, noch nicht mal in Millionen Lichtjahren Entfernung‹, sagte ich mir.

»Ich warte«, sagte Schosch hinter meinem Rücken, klang aber nicht Furcht erregend. Eher müde. Als seien ihr die Strafen und die Bußpredigten ausgegangen. Und sogar die Sprichwörter. Sie umkreiste den Tisch, baute sich vor mir auf und stützte die Arme auf den Tisch. Da sah sie wirklich aus, als hätte sie keine Kraft mehr.

Sie tat mir schon fast Leid. Ich wollte ihr wenigstens etwas geben. Einen kleinen Satz, winzig klein, der aber nicht einen Buchstaben von Beckis und meinem Geheimnis preisgeben würde. Mir war ganz schwindelig, so rasten die Sätze in meinem Kopf, wie galoppierende Pferde, die man nicht mehr zügeln kann.

Ich wollte ihr in einem kleinen Satz sagen, dass es nicht das war, was sie dachte. Dass jetzt alles verworren und Furcht erregend aussah, dass aber niemand hätte ahnen können, wohin die Sache führte. Ich suchte einen kurzen Satz, der ausdrückte, was Becki in den letzten Monaten, Jahren und vielleicht ihr Leben lang durchgemacht hatte.

Ich schloss die Augen und sagte leise, flüsterte fast: »Die Zigeuner haben es schwer, wenn sie mitten in der Nacht wegziehen müssen.«

Als ich die Augen aufmachte, saß Schosch mir gegenüber, beugte sich zu mir und schaute mir direkt in die Augen. Sie war so nahe, dass ich mir sicher war, sie könne alle Gedanken lesen, die mir durch den Kopf gingen.

Ich flüsterte: »Mehr sag ich aber nicht.« Damit sie mich in Ruhe ließ, und zur Sicherheit, damit mir nicht doch noch ein Wort über die Lippen kam.

Schosch lehnte sich zurück und schaute mich weiter an. Jetzt hatte sie einen anderen Blick. Ein bisschen wie meine Eltern, als sie mir sagten, ich müsste ins Oranim-Heim ziehen, bis sich die Situation verbessert habe.

Ich wusste, ich konnte jetzt überhaupt kein Wort vertragen, das sie mit diesem Gesicht sagen würde. Ich wusste, sie verstand nichts von dem, was ich über die Zigeuner gesagt hatte. So etwas wird sie nie verstehen können. Vielleicht hat sie in ihrem Leben noch nie von Zigeunern gehört. Und ich wusste auch, dass sie nicht von mir ablassen würde.

Ich begann zu weinen. Ganz still. Nur Tränen. Ich habe nicht wirklich geweint, aber in den Augen stauten sich plötzlich so viele Tränen, dass sie einfach herausdrückten. Das war fast eine Erleichterung. Sie saß da und schaute mich an und versuchte nicht mehr, noch etwas zu sagen.

Es war eigentlich ganz angenehm, dass alles so leise ging. Wenn ich nur einen kleinen Laut von mir gegeben hätte, wäre ich in ein riesiges Heulen ausgebrochen, und das in ihrem Büro. Niemand hätte mich mehr beruhigen können.

Dann hätte ich über mich selbst geweint. Über Becki Wasana, die ihren Vater verloren hatte. Über Kami, dass er das gemacht hat. Und über die, die dabei umgekommen sind. Ich hätte über meine echten Eltern geweint, dass sie sich nie die Mühe gemacht haben, zu kommen, noch nicht mal damals. Dass sie gar nicht wussten, was ich in diesen Tagen durchmachte. Ich hätte auch um die Eltern weinen können, die mich großgezogen haben, dass sie mir all die Jahre das Gefühl gegeben haben, überflüssig zu sein. Ich hätte für Jahli weinen können, der oben im dritten Stock auf seine wunderbaren Eltern wartete, weil die ins Ausland gefahren waren und anscheinend vergessen hatten, zurückzukommen. Über Kamis Schwester, die ihn nie mehr sehen wird, und über Iggi Mirkin, den ich vielleicht nie mehr sehen werde.

Becki weigerte sich den ganzen Tag standhaft, vom Dach herunterzukommen. Abends kletterte Schimon hinaus und brachte ihr eine Matratze und Decken. Es war strengstens verboten, aufs Dach zu gehen. Becki hat diese Nacht nicht geschlafen. Da bin ich mir sicher. Vielleicht hat sie sich noch nicht einmal auf die Matratze gelegt. Schimon saß jedenfalls die ganze Nacht auf dem Dach und passte auf sie auf.

Und Schosch saß mit den anderen Erziehern stundenlang in Besprechungen, auch an den beiden folgenden Tagen. Die ganze Zeit liefen sie aufs Dach und wieder zurück ins Büro. Sie verstanden überhaupt nichts. Sie kapierten nicht, dass ein Mensch manchmal einfach allein sein muss.

Am Abend des zweiten Tages schlich ich mich aufs Dach. Becki saß vor einem Tablett mit Essen und rührte nichts an. Sie beachtete mich nicht, blieb einfach still sitzen, gegenüber den schimmernden Lichtern über dem Ladenzentrum. Ihr Blick wanderte in die Ferne, zum Horizont, der immer mehr verschwamm. Dann wurde es schnell dunkel.

Am nächsten Morgen kam ein Polizist und ging zusammen mit Schosch aufs Dach. Nach ein paar Minuten sah ich Becki runterkommen. Schosch ging vor ihr her, der Polizist hinter ihr. Ihr Gesicht war verschlossen. Ich weiß nicht, womit sie sie gezwungen hatten, herunterzukommen. Man sah ihr nichts an.

Sie brachten sie in Schoschs Büro, schlossen die Tür, und ich blieb draußen auf dem Flur. Manchmal hörte ich Stimmen, aber was sie sprachen, konnte ich nicht verstehen. Nur laute, drohende Stimmen. Becki hörte ich nicht. Schosch hatte sie sicher auf den Drehstuhl gesetzt und zum ›Opfer‹ erklärt.

Einmal, als Tirza Kaffee hineinbrachte, hörte ich durch den offenen Türspalt, wie der Polizist fragte:

»Was für eine Beziehung hattest du zu Kamal Abu-Jichja?« Kamis Name klang aus dem Mund des Polizisten so fremd.

Becki schwieg eine Weile und sagte dann mit gebrochener Stimme:

»Ich war seine Tochter.«

Die Worte ›seine Tochter‹ wollten ihr nicht über die Lippen. Becki presste sie geradezu mit letzter Kraft hervor. Dann kam Tirza heraus, schloss hinter sich die Tür, und ich konnte nichts mehr hören.

Bis nach dem Lichterlöschen kam Becki nicht ins Zimmer zurück. Wir lagen alle auf den Betten und warteten. Chagit und Ronit kicherten die ganze Zeit hysterisch, und Elischewa blätterte in der schon ganz zerfledderten Zeitung, die Schimon vor drei Tagen ins Heim mitgebracht hatte. Sie hatte eine kleine Taschenlampe, mit der sie hin und wieder einen Absatz beleuchtete. Den las sie dann ganz konzentriert, obwohl sie schon jedes Wort auswendig konnte.

»Jetzt kommt Becki in den Knast. Der Terrorist aus dem Gazastreifen war ihr Freund«, sagte Elischewa. Das traf mich mitten ins Herz. Ich wollte etwas sagen, ihre grausamen Sätze auswischen, zusammen mit dem fiesen selbstgerechten Lächeln auf ihrem Gesicht, aber mir fehlten die Worte.

Ich wusste, dass etwas ungerecht war, aber es war wie bei Schosch auf dem Drehstuhl – ich wusste plötzlich nicht mehr, wie ich es erklären sollte.

Chagit sagte: »Vielleicht ist sie jetzt ein bisschen weniger hochnäsig.« Und Ronit: »Vielleicht kommt sie sich jetzt nicht mehr so wichtig vor, die Verräterin.«

Und Liat sagte, um etwas anderes als alle andern zu sagen: »Kinder kommen nicht ins Gefängnis.«

Daraus entstand eine hitzige Diskussion. Alle redeten durcheinander, keiner hörte zu. »Was wisst ihr überhaupt vom Knast?!«, stieß Sigalit Marsel mit erstickter Stimme hervor. Gleich danach zog sie sich die Decke über den Kopf und begann zu weinen, so sehr, dass keine von uns noch einen Mucks tat, und ich überlegte mir, ob sie wohl wegen Becki weinte oder über ihren amerikanischen Vater, von dem ich jetzt ganz sicher war, dass er im Gefängnis saß.

»Habt ihr euch nie gefragt, warum die Akte von Rebekka Wasana geheim ist?«, fragte Elischewa, während sie mit ihrer Taschenlampe auf Beckis leeres Bett leuchtete. Sie sagte Beckis vollen Namen, als rede sie über eine Fremde. »Ich sag euch, warum.« Diesmal wartete sie noch nicht mal eine Antwort ab, so sehr brannte sie darauf, zu erzählen, was sie wusste: »Ihre beiden Eltern sitzen seit Jahren wegen Raubüberfall im Gefängnis.«

In diesem Moment kam Becki ins Zimmer. Sie ging zu ihrem Bett und begann ihre Kleider zusammenzulegen. Das sah anders aus als bei ihrer abendlichen Zeremonie. Vielleicht weil alle schwiegen. Vielleicht auch, weil ich die ganze Zeit über das nachdachte, was Elischewa gerade gesagt, und darüber, was Becki in ihrem Leben schon durchgemacht hatte.

Becki legte die Kleider aufs Bett, die Hemden auf einen Stapel, die Hosen auf den andern, wie jeden Abend. Als der Moment kam, sie in den Koffer zu packen, wurden ihre Bewegungen sehr langsam. Als brächte sie es nicht fertig.

Doch als sie auch ihre Sachen aus dem Nachtschränkchen herausholte und in den Koffer legte, wussten wir sicher, dass dies nicht ihr allabendliches Kleiderzusammenlegen gewesen war. Wir hörten Sigalit unter der Decke weinen. Da senkte sich eine Wolke der Trauer auf alle Mädchen. Wie immer, wenn eine wegging.

Elischewa faltete die Zeitung zusammen und ließ sie auf den Boden fallen, als wolle sie nie mehr hineinschauen.

Liat seufzte tief und sagte: »Großer Gott!«

Chagit fragte: »Schicken sie dich jetzt ins Gefängnis, Becki?«

Becki zog den Reißverschluss des Koffers zu, setzte sich aufs Bett und zog sich die Schuhe an. Sie sagte kein Wort.

Es tat weh mit anzusehen, wie sie ihren nackten Füßen die Schuhe überzog. Ich schluckte meine Tränen runter. Ich wollte tief atmen, das Weinen loswerden. Ich wollte Becki etwas sagen, bevor sie ging. Dass ich noch immer ihre beste Freundin war. Dass wir in Kontakt blieben. Dass ich sie besuchen würde. Dass sie nicht allein war. Und ich spürte, wie mir die Zeit ausging und ich kein Wort herausbekam. Ich hustete laut, aber mein Hals wurde nicht frei. Nur ein merkwürdiges Stöhnen, das klang, als hätte es noch nicht einmal den Weg nach oben geschafft und käme direkt aus dem Bauch. Plötzlich schauten mich alle an. Auch Becki.

»Was ist denn mit der passiert?«, fragte Liat und zeigte auf mich.

Becki setzte sich auf mein Bett und legte mir den Arm um die Schulter.

»Lasst sie in Ruhe«, sagte sie, ohne Ärger. Sogar ohne Aufregung. Einfach als Bitte. Als würde gleich alles wieder so, wie es früher war.

Elischewa konnte sich nicht länger beherrschen: »Sag mal, Becki«, meinte sie, »sag uns nur, ob du die Freundin von diesem Mörder warst, von dem in der Zeitung steht.«

Ich war sicher, Becki würde sie auf der Stelle zum Schweigen bringen, aber sie schaute nur aus dem Fenster und sagte etwas, was ich mein Leben lang nicht vergessen werde: »Er ist ein Mörder. Das stimmt. Das steht in der Zeitung. Aber sie schreiben nicht, was er alles auch noch war: dass er aus Kaktusfeigen Eis machen konnte, bei dem du die gefrorenen Kernchen auf der Zunge spürst, und wie er süßsauren Tee gekocht hat, mit ganz viel Zucker und Unmengen Zitrone. Wie sehr er diese Arbeit gebraucht hat, und dann haben sie ihm doch gekündigt. Wie er seine kleinen Geschwister großgezogen hat. Wie er die traurigen Geschichten seines Großvaters angehört hat. Dass er immer barfuß lief, um mit den Füßen jeden Stein und jeden Halm zu spüren und mit den Zehen immerzu das verlorene Land zu suchen.«

Noch in derselben Nacht wurde Becki Wasana ins Choreb-Heim verlegt, in die Chirbe.

Nachwort

Nach einigen Monaten kehrte ich nach Hause zurück. Von meinen ›echten‹ Eltern habe ich nie etwas gehört. Ich habe sie mit der Zeit vergessen.

Etwa ein Jahr später traf ich Elischewa, den Wurm, mit ihrem Onkel vor dem chinesischen Restaurant in der Fußgängerzone. Sie war auch nicht mehr im Oranim-Heim, lernte stattdessen in einem Mädcheninternat Kochen, aber sie hatte fast über jede von uns die neuesten Informationen.

Jahlis Eltern waren aus dem Ausland zurückgekommen und hatten ihn zu sich nach Hause geholt.

Für Chagit und Ronit hatte sich eine Adoptivfamilie gefunden. Anscheinend kamen sie da zurecht, denn seitdem hat man im Heim nichts mehr von ihnen gehört.

Liat ging, nachdem sie noch drei Pflegefamilien erfolglos durchprobiert hatte, inzwischen auf eine Landwirtschaftsschule im Süden des Landes.

Sigalit Marsel saß weiter im Heim und wartete noch immer, dass ein Fotograf sie entdeckte.

Nur über Becki wusste Elischewa nichts.

Drei Jahre später, als ich einmal mit meiner kleinen Schwester im Zoo war, sah ich eine Gruppe junger Mädchen in braunen Blusen zwischen den Käfigen spazieren gehen, begleitet von einer Erzieherin. Eines der Mädchen blieb einen Moment vor dem Gehege der Kängurus stehen und schaute mich an. Sie hatte ganz kurzes Haar, war sehr dünn und viel größer als ich.

»Angenommen, du triffst auf der Straße ein Känguru mit einem Jungen im Beutel. Bis hierher ist alles ganz normal«, sagte sie ganz ernst zu mir, »aber wenn du an der nächsten Straßenecke einem Känguru mit zwei Jungen im Beutel begegnest, was heißt das dann?«

Becki sah nicht aus, als käme sie aus der Hölle auf Erden. Sie entdeckte wohl das große Fragezeichen auf meinem Gesicht, denn sie sagte:

»Es ist gar nicht so schlimm, wie wir dachten«, und dann schrieb sie mir ihre Adresse auf, wo sie bald wohnen würde, denn sie sollte in den nächsten Wochen die Chirbe verlassen und in einen Kibbuz ziehen. Sie gab mir den Zettel und machte mit dem Kopf die Bewegung, mit der sie sich früher die Locken aus dem Gesicht geworfen hatte, die jetzt abgeschnitten waren.

Becki Wasana redete und lachte, und ich war wie versteinert. Ich brachte kein Wort heraus. Seit unserer – Beckis und meiner – Trennung hatte ich jede Nacht vor dem Einschlafen an sie und ihr schreckliches Schicksal in der Chirbe gedacht.

Sie las das alles in meinen Augen, denn sie beugte sich zu meiner Schwester hinunter und sagte lächelnd zu ihr:

»Sag deiner Schwester, sie soll damit aufhören. Wir müssen schließlich noch unsere Asylfarm für befreite Tiere aufbauen und haben noch große Pläne, eines schönen Tages mit ein paar wirklich scheußlichen Typen abzurechnen. Und all die wunderschönen Plätze auf der Welt müssen wir auch noch zusammen besuchen.«

Daniella Carmi ist in Tel Aviv geboren und lebt heute in Jerusalem. Sie studierte Soziologie und Philosophie. Anfangs schrieb sie nur für Erwachsene, doch nachdem sie ein Buch über ein autistisches Kind, ihre älteste, inzwischen erwachsene Tochter, geschrieben hatte, fand sie mehr und mehr Gefallen am Schreiben für Kinder und Jugendliche. Bei Hanser erschien 1996 der Roman »Samir und Jonathan«, der u. a. für den Deutschen Jugendliteraturpreis 1997 nominiert und mit dem Kinderbuchpreis der Ausländerbeauftragten des Berliner Senats ausgezeichnet wurde.

In gleicher Ausstattung liegt vor:

Daniella Carmi

Samir und Jonathan

192 Seiten

ISBN 3-446-18198-9

»Am Ufer des blauen Sees, den wir angelegt haben, stehe ich mit Jonathan, meinem Freund aus dem Krankenhaus der Juden, und wir schaffen uns eine neue Welt. Ohne Sorgen. Nichts mehr erscheint unmöglich, jetzt, wo wir zusammen sind.«

Die Geschichte einer Freundschaft zwischen dem arabischen Jungen Samir und dem israelischen Jungen Jonathan, erzählt mit der Hoffnung auf Frieden, ohne die Schmerzen der Menschen in dem langen israelisch-arabischen Konflikt zu beschönigen.

Nominiert für den Deutschen Jugendliteraturpreis 1997 und ausgezeichnet mit dem Preis der Ausländerbeauftragten des Berliner Senats.